Matteo Rinaldi

Luca Pappalardo

Samuele Maspero

RISTOMARKETING
I pilastri del marketing per la ristorazione

Come far decollare gli utili del tuo locale nell'era di Internet e dei social network

"Ristomarketing"

2021 © Matteo Rinaldi, Luca Pappalardo, Samuele Maspero

Tutti i diritti riservati

ISBN 979-12-200-8563-2

www.ristomarketing.net

Sommario

Prefazione di Danilo Anicito _____ - 5 -

Introduzione: Perché nasce questo libro _____ - 13 -

Capitolo 1: Fare impresa in Italia ieri e oggi: nulla tornerà più come prima _____ - 25 -

Capitolo 2: Gli italiani fanno bene la pizza, gli americani fanno i soldi con la pizza _____ - 41 -

Capitolo 3: Il lato oscuro dei social network _____ - 63 -

Capitolo 4: L'oro del ventunesimo secolo _____ - 109 -

Capitolo 5: Come trasformare il tuo ristorante in un'impresa _____ - 149 -

Capitolo 6: È tutto sotto controllo? _____ - 169 -

Conclusione: Che cosa puoi fare adesso con queste informazioni _____ - 187 -

Prefazione di Danilo Anicito

Caro ristoratore, voglio portarti su un set cinematografico: siamo in un labirinto, immerso in una giungla piena di animali selvatici e piena di insidie, che metteranno a repentaglio la vita dei nostri protagonisti: Marco e Giovanni.

C'è solo un modo per avere salva la vita: trovare l'unica uscita da quel maledetto labirinto, prima che cali il sole! Mancano solo due ore e Marco, dopo diverse ora di corsa, senza sosta e con continui cambi di direzione, è sfinito.

In un bagno di sudore, preso dal panico e con parecchi bernoccoli (a furia di sbattere la testa contro le illusioni di quel labirinto), decide di accasciarsi a terra e di cadere in un pianto disperato. *"Basta, ormai è finita! Non c'è più nulla da fare, sono spacciato! Colpa di questo maledetto sole! Non mi ha dato abbastanza tempo!"*.

Giovanni invece, ha avuto una brillante idea. Anziché correre come un matto e girare come una trottola, ha deciso di studiare una strategia. Una strategia che gli consenta di non girare a vuoto e di trovare l'uscita, prima che il sole tramonti.

Si ferma e recupera qualche piccolo sasso, con cui marchiare il territorio ad ogni suo passaggio. Così potrà riconoscere i punti in cui è già passato e, di conseguenza, potrà disegnare una mappa che lo condurrà dritto all'uscita del labirinto.

Il finale?

Beh, direi che conosci già la risposta! Ovviamente ci dispiace per il nostro amico Marco. Ma se solo si fosse fermato un momento a riflettere, al posto di correre senza senso e lasciarsi prendere dallo sconforto, magari sarebbe ancora qui tra noi.

Ma grazie a Dio, era solo un film…. O forse no?

Piacere di conoscerti: mi chiamo Danilo Anicito, e nella vita non faccio il regista. Mi occupo di controllo di gestione e sono un imprenditore, proprio come te.

La storia che abbiamo appena vissuto insieme non è, purtroppo, la trama di un film horror. Ma è la vita quotidiana di moltissimi imprenditori in Italia.

Marco è proprio il ritratto dell'imprenditore italiano: imprigionato in un sistema (il labirinto) che ogni giorno gli mette davanti degli ostacoli e lo costringe a vivere una vita di frustrazione e piena di affanni. Con buona pace della sua autostima. Preso dallo sconforto, come il nostro Marco, l'imprenditore si rassegna al fatto che le cose non si possono cambiare: sono così e basta!

La colpa è, inevitabilmente:

- Dello Stato, che ti mette in ginocchio con una marea di "tasse" (che in realtà dovremmo chiamare "Imposte e contributi")
- Dei colossi che hanno ucciso i più piccoli, con i loro prezzi aggressivi
- Di quell'infame che ha aperto il ristorante a pochi passi dal tuo

Insomma… La colpa è sempre di qualcun altro. Ma mai nostra.

La verità è che la colpa più grande è dell'imprenditore. E tra poco ti spiegherò il perché. Tranquillo, non sono qui per farti le solite paternali e per dirti che io sono bravo e tu no!

Non sono qui nemmeno a raccontarti le solite favole sul fatto che esiste una formula magica, che ti permette di risolvere i tuoi problemi con un prodotto dai super poteri.

Anzi: diffida e stai alla larga da chi ti promette queste fandonie.

Sono qui per fare una riflessione insieme, per cercare di capire meglio la differenza tra il comportamento di Marco e quello di Giovanni.

E sono veramente felice di condividere con te una parte della mia esperienza, in queste pagine. Quando Matteo, Luca e Samuele mi hanno chiesto di scrivere la prefazione di questo libro, l'ho visto come un privilegio. Conosco Luca da quando è nato e ho il piacere di collaborare con tutti e tre dal 2017.

È pazzesco come siano riusciti ad avere un impatto positivo su tutti gli imprenditori con cui hanno lavorato. Il tutto, con un approccio pragmatico, con una grande capacità di ascoltare e con l'umiltà che contraddistingue le persone autentiche.

Sono sicuro al 100% che questo libro ti aiuterà tantissimo, con un approccio concreto e applicabile, a migliorare la tua attività e capire quali sono le aree su cui lavorare per fare un salto di qualità.

Tornando a noi: lo scopo della prefazione è aiutarti a comprendere che, se ci tiriamo su le maniche e ci mettiamo a lavorare con un'analisi matematica (sulla base di numeri oggettivi) e monitoriamo l'andamento dell'azienda, allora troveremo le risposte che cerchiamo.

Avremo una linea guida, che ci accompagnerà verso l'uscita del nostro labirinto. Il tutto senza (o quasi) versare litri di sudore e anni di fegato marcio. Fare impresa oggi non è più come fare impresa ieri: sono sicuro che lo sai perfettamente. E ne sarai ancora più consapevole dopo aver letto i primi due capitoli di questo libro.

Se fai parte di quegli imprenditori che si sono rotti davvero le palle (e sono pacato) di giocare ad armi impari contro la concorrenza (e contro il socio di maggioranza che tutti noi abbiamo, ovvero lo Stato), allora benvenuto!

Stai per ricevere 7 linee guida, che ti consentiranno di avere sempre ben saldo in mano il timone della tua attività. Servirà olio di gomito e tanta dedizione: ma il risultato sarà riuscire a vivere la tua vita, sia aziendale che privata, con più serenità e tranquillità.

1. Fai analizzare il bilancio fino a 5 anni pregressi (sia a livello economico/patrimoniale, sia a livello finanziario)
2. Sulla base di questa analisi, individua le aree critiche su cui è necessario intervenire
3. Budget previsionale: redigi un piano, su base mensile, almeno ad un anno
4. Pianificazione finanziaria: fai le previsioni di quelle che potranno essere le entrate e le uscite di cassa, sempre su base mensile. In questo modo conoscerai con largo anticipo imposte, contributi e altri impegni di breve, medio e lungo periodo
5. Investi nel marketing strategico (che non è quello dei millantatori che ti promettono like, visualizzazioni e altre scemenze di questo genere).

Fatti guidare da professionisti che ti aiutino a creare un piano di marketing sulla base della marginalità dei tuoi prodotti, e non seguendo la creatività e le mode del momento. Il marketing, se non si basa sui numeri, crea solo danni

6. Rileva cosa realmente accade nella quotidianità della tua azienda. Controlla sempre se quello che sta succedendo è in linea con quello che avevi programmato
7. Utilizza strumenti legali per ridurre l'impatto del cuneo fiscale e contributivo.

Questi sono i 7 comandamenti per una gestione aziendale davvero efficace. Sono consapevole di non poter risolvere tutti i tuoi dubbi e darti tutte le risposte di cui hai bisogno, in così poche pagine.

Quello che posso dirti, in conclusione, è che senza il controllo di gestione e senza un piano di marketing misurabile, non stai facendo l'imprenditore. Non è un'accusa e non è nemmeno una critica: è quello che il mercato ci dice da diversi anni. Fare impresa è una scienza esatta, che non lascia spazio alle interpretazioni, alle emozioni o, peggio ancora, al caso.

Ora ti lascio alla lettura di questo meraviglioso libro: nel sesto capitolo ritroverai i concetti del controllo di gestione, di cui abbiamo parlato in queste prime pagine.

Mi raccomando: immergiti nella lettura con la voglia di fare dei passi avanti importanti. E con quell'apertura mentale che ti consentirà di sbaragliare la concorrenza: è tutto nelle tue mani.

Un abbraccio e buona lettura!

"Il successo è figlio di consapevolezza e resilienza"

Introduzione:
Perché nasce questo libro

Diciamocelo apertamente, senza filtri e senza peli sulla lingua: ma quanto è difficile fare il ristoratore oggi?

E, in generale: quanto è difficile fare l'imprenditore oggi?

In un Paese come l'Italia, tra l'altro... Che per alcuni aspetti è la nazione più bella del mondo. Per tanti altri invece è un inferno.

Lo sappiamo anche noi, che siamo imprenditori come te.

Ecco, questa è la premessa che ci teniamo a fare, prima ancora di entrare nel vivo di questo libro.

Noi non siamo i soliti "esperti di marketing" che vogliono entrare nel tuo locale e spiegarti come si porta avanti la tua attività. E non siamo nemmeno l'ennesima agenzia pubblicitaria che vuole rifilarti un preventivo da galera, per portarti più "visibilità".

Siamo imprenditori come te. E tutti i giorni siamo sul campo per affrontare le sfide e le complicazioni che l'essere imprenditore ti mette davanti.

Siamo giovani, sì… Abbiamo tutti e tre meno di trent'anni. Ma attualmente contiamo 8 Partite Iva diverse, in totale.

E attenzione… Non te lo stiamo dicendo per vantarci: non fa assolutamente parte della nostra filosofia di vita (e cerchiamo sempre di stare alla larga dalle persone che ostentano e che vogliono, a tutti i costi, mettersi in mostra).

Te lo diciamo per darti concretezza e per dirti che stiamo combattendo la stessa battaglia.

Mentre invece là fuori è pieno di personaggi ambigui, che si definiscono "Coach" o "Formatori" e che si presentano come delle divinità… Senza però aver mai avuto un'esperienza vera nel mercato.

Semplicemente hanno letto qualche libro sulla vendita e sul marketing, e hanno iniziato ad auto dichiararsi "esperti di business in grado di svoltare la tua vita come imprenditore".

Non esiste quella roba lì: lo sappiamo benissimo.

Fare impresa non è teoria che puoi studiare sui libri. Fare impresa è pratica, sacrificio, sudore, investimenti, energia, errori, tentativi, fallimenti, notti insonni.

È lavorare senza orari, avendo sempre in testa gli obiettivi da raggiungere: dalla mattina presto appena apri gli occhi, fino alla sera/notte quando vai a dormire.

È avere il coraggio di fare quell'investimento, che potrebbe sì portare un grande miglioramento alla tua attività… Ma che potrebbe anche essere un fiasco.

È affrontare le difficoltà e i periodi di crisi, mantenendo lo stesso entusiasmo e lo stesso sorriso del giorno in cui hai aperto.

Insomma, tutto questo per dirti che… Lo sappiamo.

Non siamo quelli che ti dicono che stai sbagliando e che non sei capace di fare impresa. E non siamo nemmeno quelli che si fanno le foto in spiaggia, raccontando di guadagnare tremila euro netti al giorno senza fare nulla.

A noi, come a te, piace lavorare, sporcarci le mani e essere persone concrete che fanno azioni concrete.

Ecco perché nasce questo libro: per darti delle risposte concrete.

- "Il mondo è cambiato"
- "I clienti sono diversi"
- "I tempi sono cambiati"
- "Si stava meglio quando si stava peggio"

Ma quante volte, intorno a te, senti ripetere frasi di questo genere? È all'ordine del giorno, vero?

Già... Per questo motivo, nei primi due capitoli di questo libro capiremo esattamente come siamo arrivati a questo punto.

Tutti dicono che il mondo è cambiato. Perfetto... Ma in che modo è cambiato? Perché è cambiato? Da dove derivano tutti questi cambiamenti?

Studiare la storia è sempre uno dei modi più intelligenti per prendere decisioni migliori. Nel presente, per il futuro.
Ed è esattamente quello che faremo nei primi due capitoli.

Ma vogliamo avvisarti in anticipo: finora abbiamo parlato di concretezza.

Ti sembrerà strano, ma i primi due capitoli potranno sembrarti un pochino astratti. Parleremo di argomenti che probabilmente non hai mai sentito nominare, che magari ti sembreranno poco concreti e poco applicabili alla tua realtà.

Sii lungimirante: dal terzo capitolo tutto sarà più chiaro. E, da lì all'ultimo capitolo, sarai in grado di chiudere il cerchio e avere il quadro completo.

Ne siamo sicuri al 100%. Quindi immergiti nella lettura, capitolo dopo capitolo, con la voglia di scoprire delle nuove informazioni. E ti garantiamo che questa sarà la lettura più importante della tua vita.

E soprattutto, la lettura più profittevole in tutta la storia della tua attività.

Nel terzo capitolo apriremo poi tutto il tema legato ai social network: un argomento molto vasto, intrigante, ma troppo spesso frainteso e maltrattato.

Non ci limiteremo soltanto a trasferirti alcune delle nostre conoscenze sulla materia: ti daremo anche un elenco completo delle figure da cui stare alla larga, per evitare di mettere i tuoi soldi e la tua immagine nelle mani di persone sbagliate.

In questo modo, avrai un vaccino anti-fregature valido a vita. Utile, vero?

Nel quarto capitolo poi, inizieremo a parlare di marketing in termini puramente pratici: scoprirai qual è l'oro del 21esimo secolo e come poter essere in contatto con il tuo cliente tutti i giorni, come se fosse un amico.

Nel quinto e nel sesto capitolo entreremo nell'ambito più gestionale e finanziario, parlando di:

- 3+1 punti chiave per trasformare il tuo ristorante in un'impresa vera e propria
- Strategie per aumentare lo scontrino medio
- Come essere in controllo totale dei tuoi flussi di cassa
- Come minimizzare gli imprevisti e non avere più sorprese quando arrivano le "tasse" da pagare (scriviamo "Tasse" tra virgolette, perché tecnicamente si dovrebbe parlare di "Imposte e contributi").

Il nostro augurio, di cuore, è che questo libro possa aprirti la mente ad un nuovo modo di vivere la tua attività, per riconquistare il tuo tempo e la serenità che meriti.

Ci vediamo in cima al primo capitolo: noi saremo tuoi compagni in questo viaggio e ti auguriamo, di cuore, buona lettura.

➠ Chi è Matteo?

Descrivere Matteo è molto semplice: ristoratore come te. Matteo vive tutti i giorni, da oltre 10 anni, le dinamiche del tuo stesso settore: la ristorazione.

Cresciuto dietro le quinte, da quando ha 16 anni ha una missione in testa: dare la possibilità ai suoi genitori di tirare il fiato, dopo trent'anni di impegni e sacrifici per il ristorante di famiglia. Così, a 21 anni prende in mano totalmente le redini del Ristorante L'Ancora di Giussano, avviando un processo di modernizzazione e miglioramento dell'attività.

Nel 2015 inizia a formarsi sul marketing, studiando dalle fonti più importanti in Europa e in America.

Lo sforzo più grande è stato, in seguito, applicare al mondo della ristorazione tutti i principi di marketing appresi (ed è esattamente quello che tu scoprirai all'interno di questo libro).

Così, Matteo inizia ad utilizzare Facebook e TripAdvisor in modo strategico, come strumento per il ristorante. Subito dopo, Instagram e l'*E-mail Marketing* (un vero e proprio gioiello per i ristoranti, che troppo spesso viene sottovalutato).

Tutta l'operatività che troverai in questo libro è stata testata in primis da Matteo, sul suo ristorante: troverai il condensato di 5 anni di test, azioni di marketing e strategie che hanno portato risultati importanti al Ristorante L'Ancora.

➡ Chi è Luca?

Luca è l'incarnazione vivente del fatto che il mondo digitale può essere una fonte di business sopraffina. È il

vero imprenditore digitale tra i tre: nel giro di 2 anni ha fondato 3 aziende, proprio grazie alla spinta dell'online.

Prima una società nel mondo dei videogiochi, poi una nel mondo del calcio ed infine, in pieno "Primo lockdown", una startup nel mondo della cottura casalinga a bassa temperatura.

Anche Luca si innamora del mondo del marketing e dei social network: nel 2015 inizia un percorso di studio intenso, unito ai continui test e alla continua applicazione sul campo (cosa che poi fa la vera differenza).

Negli ultimi 5 anni è arrivato ad una consapevolezza: i principi del marketing e della vendita sono universali e si applicano a tutti i contesti e a tutti i settori. La bravura sta nel contestualizzarli e applicarli.

➡ Chi è Samuele?

Cresciuto lavorativamente a pane e vendita, per 2 anni e mezzo ha ricoperto il ruolo di Coordinatore Vendite in una società emergente di Milano. Ha gestito un portafoglio di oltre 250 clienti e coordinato decine di collaboratori tra Lombardia, Veneto, Toscana e Liguria.

È autore del libro "Laureato Survivor" e ha fondato un movimento per aiutare universitari e laureati a trovare la propria strada, per emergere nel mondo del lavoro. Per fare tutto questo, ha utilizzato i social network come strumento, per mettere in leva il suo posizionamento e diffondere il suo messaggio.

Lungo il suo percorso, è stato l'elemento chiave di diversi lanci di prodotti/servizi, che hanno generato centinaia di migliaia di euro di vendite.

Ha scoperto il mondo del marketing e della crescita personale a 22 anni, mentre concludeva l'università. Consapevole del fatto che la laurea non sarebbe bastata per emergere, ha iniziato un percorso di costante e continua formazione, investendo personalmente oltre 30mila euro in corsi e consulenze.

Il filo rosso che lega Matteo, Luca e Samuele è il grande contributo che hanno dato alla crescita di una multinazionale del mondo del Network. Hanno realizzato oltre 15 milioni di euro di fatturato, gestendo una rete commerciale di 500 venditori e sono stati premiati davanti a migliaia di persone, sia in Italia che in Europa.

Sulla base delle competenze e dell'esperienza accumulata grazie a tutti questi percorsi, decidono di scendere in campo per dare un contributo importante ad un mondo che hanno particolarmente a cuore: la ristorazione.

Aprono così la prima società insieme e lanciano "Ristomarketing": un servizio su misura per locali e ristoranti, nato per portare la cultura del marketing in questo settore, aiutando così i ristoratori ad utilizzare l'online e i social network come strumento di lavoro.

"Ristomarketing", che dà il titolo a questo libro, è stato fin da subito qualcosa di più di un'attività imprenditoriale: per Matteo, Luca e Samuele è una missione.

Capitolo 1:
Fare impresa in Italia ieri e oggi: nulla tornerà più come prima

"Eh ma noi abbiamo sempre fatto così..."
Pseudo-imprenditore medio italiano

Conosci la piaga del *"Eh ma noi abbiamo sempre fatto così"*?

Nelle prossime pagine proveremo a raccontarti il fascino intramontabile che ruota attorno a questa frase leggendaria, che sembra non passare mai di moda.

Iniziamo con una storia: seguila con attenzione, perchè siamo convinti che sia pertinente.

Siamo alla fine degli anni Ottanta e il protagonista è Gervaso: un 25enne intraprendente e ambizioso, che decide di non accontentarsi più della vita da dipendente, della routine e dello stipendio che non cresce mai. O, al limite, che cresce solo a forza di fare straordinari.

"Se proprio devo fare sacrifici e lavorare fino a sera tarda, lo voglio fare per me, non per qualcun altro", si ripete Gervaso, tra sé e sé.

Ok allora, gambe in spalla! È ora di partire? No…

… È ora di mettersi in proprio. Gervaso è carico, determinato, voglioso di dare una svolta alla propria vita e iniziare a costruire un grande futuro per sé e per la sua famiglia.

L'accesso al credito è un pochino più semplice rispetto a oggi: Gervaso chiede prestiti, firma cambiali e riceve i fondi per aprire. Ci siamo, si parte!

I primi mesi di attività non sono facili, ma con la forza della passione (e con il peso dei milioni di lire di debiti), Gervaso si rimbocca le maniche e tiene duro.

La sfida è crearsi e gestire il lavoro, trattare sempre il miglior prezzo con i fornitori, accantonare i soldi per le "tasse" e, a fine anno, far quadrare i conti.

Il primo anno va in archivio. Non da festeggiare con una bottiglia di Champagne, ma come inizio ci siamo.

Secondo, terzo anno. I binari sono quelli giusti, l'attività inizia a girare bene. Il nostro Gerva assume così i primi dipendenti e inizia a respirare un pochino.

Quarto, quinto, sesto, settimo anno: gli affari si ingrandiscono. Gervaso così assume più personale per gestire il carico di lavoro sempre crescente e inizia a pensare a come ingrandire e far crescere ancora di più l'azienda.

Ora c'è la liquidità in cassa per poter reinvestire: nuova attrezzatura, nuovi macchinari, nuovi uffici.

Nel frattempo, la bellissima notizia: sta per arrivare il primo figlio. La moglie Eleonora è incinta. C'è uno splendido clima di entusiasmo: nonostante i ritmi di lavoro sempre belli intensi, c'è il giusto bilanciamento vita/lavoro e tutti ne sono felici.

Siamo a metà degli anni Novanta: dopo tanto impegno, tanto sudore, tanta fatica e tanti sacrifici, le cose girano davvero bene.

Ottavo, nono, decimo anno. L'attività si stabilizza ad un buon livello, tra la soddisfazione e la gratificazione di tutti.

Arriva anche il secondo figlio e, senza nemmeno il tempo di accorgersene, sopraggiunge il tanto atteso anno 2000.

E in un batter d'occhio, siamo già nel 2010. *"Come vola il tempo"*, pensano Eleonora e Gervaso.

L'attività rimane tutto sommato in salute, nonostante le difficoltà durante quella che i media hanno chiamato "crisi". E nonostante i soliti pensieri legati a quel fornitore che fa mezzi casini e ad un commercialista che, a volte, perde per strada qualche conto.

Gervaso è soddisfatto e spesso ripensa a se stesso a 25 anni, quando ha avuto il coraggio di lasciarsi tutto alle spalle, firmare cambiali e prendere la decisione coraggiosa di mettersi in proprio.

Già, il coraggio... Per la nostra visione è proprio il coraggio la caratteristica essenziale per essere un imprenditore.

A prescindere dal settore, a prescindere dall'epoca, a prescindere dall'esperienza: detto pane e salame, se non hai le palle esagonali (neanche quadrate, esagonali) è impossibile fare impresa.

In Italia poi, non ne parliamo nemmeno. Ma non vogliamo aprire questo argomento, perchè non è nostra intenzione seguire la massa italiana nello sport nazionale più diffuso: il sollevamento polemiche.

Ma torniamo al nostro amico Gerva. La crisi del 2008 non ha fatto particolari danni e il pensiero che gli passa per la testa è molto semplice: *"Aaaaaah, finalmente! La crisi è passata, ora tornerà tutto come prima"*.

Ma questa modalità di vivere inizia pian piano a segargli le gambe: senza nemmeno rendersene conto, Gervaso si adagia un pochino sugli allori, nella solida convinzione che tanto tornerà tutto come prima.

La scomoda verità è che sta per concretizzarsi un cambiamento epocale nel modo di fare impresa: non solo in Italia, ma a livello mondiale.

Gervaso inizia a vedere tutta una serie di stranezze, che però ignora sistematicamente.

Non perché non ci faccia caso, ma perché non riesce ad ammettere a se stesso che quelle stranezze esistano per davvero.

Alcuni esempi?

Vede il suo primogenito che inizia non solo a cercare informazioni online, ma anche a fare acquisti online.

Vede il suo cliente medio che è molto più informato rispetto a prima. Ai "tempi d'oro", il cliente arrivava e il compito dell'imprenditore era semplicemente spiegare gentilmente le caratteristiche del prodotto e, eventualmente, suggerire dei prodotti accessori da poterci abbinare. Ora invece il cliente arriva e ha già tutta una serie di informazioni.

Un altro esempio: Gervaso vede i ragazzini che smanettano tutto il giorno con gli smartphone e, quando si accorge che quel mondo è troppo distante da lui, lo respinge. *"Quelle diavolerie sono per i ragazzi, io devo pensare a lavorare"*.

Settimana dopo settimana però, ci sono alcuni dettagli che Gervaso non può più a far finta di non vedere…

I vecchi tempi in cui aprivi la serranda ed era il passaparola a lavorare per te, sembrano sgretolarsi.

Ma cosa sta succedendo là fuori?

È una giungla!

Nuovi concorrenti che spuntano come funghi e fanno la guerra del prezzo.

Il concorrente cinese che ha la metà dei tuoi costi e un terzo della tua pressione fiscale, che ti fa le scarpe.

Amazon che regala un'esperienza d'acquisto che nessuno può eguagliare, tantomeno superare.

E poi sono arrivati pure i social, che sembravano un inutile giocattolo e invece sono un'arma di business potente come una mitragliatrice Browning.

E mentre diversi concorrenti stanno cavalcando l'onda dei social, tu senti la gente che parla di "Followers", "Like", "Engagement", "Reach", "Target", "Impressions" e ti senti più fuori luogo di un vegano in un ristorante di carne argentina.

Quindi, lo scenario è questo: è in atto un'inesorabile evoluzione, che però crea in te una sorta di resistenza, di rifiuto a tutte queste novità strampalate. E che ti porta a pensare che, in fondo, *"Noi abbiamo sempre fatto così e ha sempre funzionato"*.

Fai molta attenzione però, perché è la stessa storiella che si raccontavano i manager di Kodak, mentre si facevano delle gran pippe sui dollari che stampavano negli anni d'oro.

"Fotografie digitali? No, ma va... Noi abbiamo sempre fatto così e continueremo a fare così...".

A gennaio 2012, Kodak ha dichiarato fallimento, dopo aver esaurito totalmente la liquidità.

E la stessa brutta fine l'ha fatta Blockbuster. Gigante assoluto che ha dominato il mercato del video-noleggio, caduto in miseria nel 2010, anno in cui ha dichiarato bancarotta.

"Netflix? Ma va, la gente è abituata a noleggiare DVD e noi continueremo ad offrire DVD a noleggio!".

E potremmo andare avanti a fare altri esempi: uno su tutti, Nokia.

La questione è molto semplice, ma non facile da affrontare: se questa rivoluzione prende a schiaffi questi colossi miliardari, che hanno una copertura finanziaria enorme e possono permettersi di chiudere il bilancio con perdite miliardarie, come possiamo reagire noi microimprenditori?

Perché questa ondata ha colpito duro anche noi piccoli: la statistica, aggiornata al 2020, parla di oltre 350 aziende che falliscono ogni singolo giorno.

Sono circa 2500 aziende a settimana: più di 127mila aziende all'anno che portano i libri in tribunale.

127mila aziende che ci salutano per sempre, ogni anno. E purtroppo, tutta la situazione che si è creata con il Covid farà crescere vertiginosamente questi dati.

"Ragazzi ok... Ma qual è il punto? Dove volete arrivare?"

Caspita, hai ragione! Ci siamo fatti un pochino prendere la mano, parlando prima di Gervaso, poi di Kodak e Blockbuster.

Siamo partiti larghi, per cercare di darti consapevolezza su quello che sta succedendo nel mercato in cui combattiamo tutti i giorni.

E abbiamo volutamente fatto esempi generici, non diretti sul mondo della ristorazione, ovvero il tuo mondo. Il nostro mondo.

Perché il cambiamento che sta accadendo là fuori, coinvolge qualunque settore. Riguarda qualunque imprenditore, a prescindere dal settore, dall'età, dalla storia, dalla situazione economica e a prescindere dai risultati ottenuti in passato.

Se vogliamo dirla tutta però, per un ristoratore è ancora più complicato.

Era già una bella sfida, prima di marzo 2020, gestire con successo un ristorante o un locale.

Figuriamoci dopo un anno così ballerino come il 2020. In cui siamo stati col culo per terra per due mesi e mezzo, e costretti a girare come trottole tra il rosso, il giallo e l'arancione, nei mesi successivi.

Ciò nonostante, c'è chi ha aperto un nuovo ristorante subito dopo il "primo lockdown".

Ciò nonostante, c'è chi si è reinventato e ha creato delle iniziative da centinaia di migliaia di euro, che non sarebbero mai nate senza il lockdown.

Ciò nonostante, c'è chi ha guadagnato di più con il proprio ristorante, pur incassando di meno.

Com'è possibile tutto questo?

Ci sono tantissime variabili, e ovviamente non abbiamo la presunzione di dire che esiste una formula standard che funziona sempre.

Ma esiste un sottile filo rosso che lega tutte le storie di successo di questi imprenditori coraggiosi.

Questo filo rosso si chiama "Esperienza d'acquisto".

Se ci guardiamo intorno, oggi siamo pieni zeppi di ristoranti e di locali. E vale sia per i paesini di provincia, che per le grandi città.

Facciamo un esempio: nel 1991, l'anno di apertura del Ristorante "L'Ancora", a Giussano c'erano 8 ristoranti. E gli abitanti in totale erano 20mila.

Oggi a Giussano ci sono 26mila abitanti, ma il numero totale di ristoranti è salito a 42.

Il numero di abitanti è cresciuto del 30%.

Mentre il numero di ristoranti è cresciuto del 425%.

Capisci qual è il problema?

Oggi lavoriamo in un mercato in cui c'è uno squilibrio totale tra domanda e offerta: c'è molta più offerta rispetto all'effettiva domanda.

Quindi, il quesito a cui rispondere ogni giorno, per trasformare il proprio ristorante in un'azienda sana, ricca e sostenibile, è uno:

"Perché un cliente dovrebbe scegliere di venire a mangiare da me, invece di andare in un altro ristorante?".

Tutto ruota intorno a questa domanda. Che così non è nemmeno completa al 100%, perché manca un pezzo.

La versione completa è: *"Perché un cliente dovrebbe scegliere di venire a mangiare da me, invece di andare in un altro ristorante e anziché decidere di pranzare/cenare a casa?"*.

Negli anni Settanta, una delle risposte possibili era: *"Perché da me si mangia bene e i camerieri sono gentili"*.

Tutto vero e funzionale.

Ma c'è un piccolo problema: sono passati cinquant'anni nel frattempo.

Tu magari sei ancora convinto che il tuo cliente porti la ragazza a cena nel tuo locale, perché la tua tagliata al rosmarino si scioglie in bocca o perché il tuo risotto cacio e pepe è una bomba.

Non è vero niente!

Il tuo cliente ti sceglie per portare la ragazza fuori a cena, perché è convinto che, grazie all'esperienza che gli farai vivere, la sua serata non finirà quando uscirà dal tuo ristorante.

Entendies, amigo?

Di questo parleremo in modo approfondito nel prossimo capitolo, ma ci teniamo moltissimo a passare questo concetto in modo chiaro e deciso: oggi il prodotto non può essere il tuo elemento differenziante.

Dire che il tuo prodotto è di grande qualità, che nel tuo locale c'è tanta cortesia, che al centro c'è il cliente e che è "impossibile resistere" al gusto del tuo piatto di punta, non sposterà di un millimetro le sorti della tua attività.

Anche perché, chiediti: c'è qualche folle là fuori che si pubblicizza dicendo che il suo prodotto fa cagare e che i clienti verranno trattati in modo maleducato e scortese?

Certo che no!

Eppure, la maggior parte dei ristoratori continua a battere il chiodo sulla grandissima qualità dei prodotti.

Pensaci: se fosse la qualità l'elemento che decreta il successo, com'è possibile che McDonald's Italia fa 250 milioni di panini l'anno, in 610 punti vendita, con 25mila dipendenti?

I tre pilastri del capitolo 1:

1. C'è in corso una rivoluzione nel modo di fare impresa, a livello mondiale: nulla tornerà come prima

2. Nel mercato in cui lavoriamo oggi c'è uno squilibrio enorme tra domanda e offerta: c'è molta più offerta rispetto all'effettiva domanda. Se non trovi il tuo elemento differenziante, finisci nel bagno di sangue della guerra del prezzo

3. Il prodotto di qualità non può più essere il tuo elemento differenziante: oggi il cliente ti sceglie per l'esperienza d'acquisto che sei in grado di fargli vivere

Capitolo 2:
Gli italiani fanno bene la pizza, gli americani fanno i soldi con la pizza

"Non possiamo guardare alla concorrenza e dire che faremo di meglio. Dobbiamo guardare alla concorrenza e dire che faremo le cose diversamente"
Steve Jobs

Nel corso del primo capitolo abbiamo introdotto un concetto importante: il prodotto di qualità non può essere il tuo elemento differenziante.

Diamo però una definizione pratica: che cos'è l'elemento differenziante?

L'elemento differenziante è quell'attributo, quell'aspetto, quella caratteristica che ti rende

indiscutibilmente diverso (non migliore, diverso) rispetto a qualunque tuo concorrente.

Ed è veramente importante riflettere sull'ultima parte di questa frase: "Rispetto a qualunque tuo concorrente".

Torniamo un pochino indietro nel tempo e prendiamoci un momento per osservare quello che è successo negli ultimi settant'anni, a livello imprenditoriale. E soprattutto, che cosa di preciso è cambiato e perché.

Studiare la storia è sempre un modo saggio per costruire il proprio futuro. E questo vale, a maggior ragione, se si parla di fare impresa.

Partiamo dal dopoguerra: dagli anni Cinquanta agli anni Settanta, il mercato era totalmente orientato al prodotto. Per un motivo molto semplice: c'erano pochissime aziende in Italia, rispetto a oggi. Sono stati i vent'anni in cui abbiamo cominciato a ricostruire tutto, dopo i danni enormi subiti durante la seconda guerra mondiale.

La situazione era più o meno questa: una persona coraggiosa decideva di aprire un'attività, metteva su il capannone, faceva partire la produzione (assumendo il personale e procurandosi i macchinari necessari) e, una volta pronto il prodotto, iniziava il bello.

I requisiti necessari erano tre: le palle esagonali, il prodotto e un prezzo percepito come giusto.

Facciamo un esempio pratico: tu aprivi il tuo capannone, firmavi cambiali per procurarti i soldi necessari, ti mettevi in gioco e lavoravi duro per produrre sedie. Ed era molto probabile che, nel raggio di diversi chilometri, fossi l'unico a produrre sedie.

Altro esempio, applicato al nostro mondo: se aprivi un ristorante negli anni Cinquanta/Sessanta/Settanta, magari non eri il solo e unico nella tua zona. Ma di sicuro non avevi il livello di concorrenza che invece hai oggi.

Anche se la torta del mercato disponibile non era tutta per te, ne mangiavi comunque una gran bella fetta.

E non avevi bisogno di competenze sopraffine nella vendita e nel marketing, proprio perché c'era una domanda super elevata.

Ora, non vogliamo in nessun modo sminuire il valore di chiunque si sia rimboccato le maniche durante quegli anni, sia chiaro.

Anzi, tanto di cappello: sono proprio questi imprenditori coraggiosi e intraprendenti che hanno fatto ripartire l'Italia. Dopo che, solo pochi anni prima, ci avevano bombardato il Paese.

Ma il 100% dello sforzo necessario era nella produzione. Avevi un buon prodotto ad un buon prezzo? Alla grande, avanti tutta!

Arriviamo poi agli anni Ottanta: qui l'orientamento passa dal prodotto al servizio.

Che cos'è successo? Nel giro di trent'anni, i clienti hanno iniziato ad abituarsi ad acquistare dei buoni prodotti e, anno dopo anno, sono nate diverse altre aziende che producevano degli ottimi prodotti.

Avere un buon prodotto era diventato normale: serviva qualcos'altro per essere diversi rispetto ai concorrenti.

Così, è diventato necessario aggiungere un servizio legato al prodotto.

Esempio pratico: se tutti i ristoranti vicini a te facevano un ottimo risotto ai frutti di mare, il tuo elemento differenziante non poteva essere la qualità del risotto ai frutti di mare. Segui il nostro ragionamento?

Perfetto.

Il tuo elemento differenziante diventava quindi il servizio che offrivi intorno al tuo prodotto.

Così facendo, dopo un decennio, tutti si erano messi in pari, offrendo un buon prodotto e un buon servizio. Arriviamo quindi ai mitici anni Novanta, in cui l'elemento differenziante si sposta sulla relazione con il cliente.

Il cliente è al centro, e il focus di un imprenditore è individuare con estrema precisione i problemi e le esigenze del cliente, per soddisfarle nel modo più completo possibile.

Entriamo nell'epoca dell'orientamento al rapporto con il cliente, in cui la sfida era quella di creare una relazione con lui ed entrare in empatia, farlo sentire coccolato e mostrare la massima disponibilità e gentilezza nei suoi confronti.

Facendo un esempio nel mondo della vendita: questo approccio è stato il turbo per gli assicuratori e i promotori finanziari. Ma anche per i venditori del Folletto e di diverse aziende di cosmetici che hanno utilizzato il Network Marketing come sistema distributivo.

Chi riusciva a far percepire al cliente che l'approccio era sviluppato su misura per lui (stile abito di sartoria) e tutta l'offerta era basata sulle sue esigenze e sui suoi obiettivi, aveva fatto bingo.

Dagli anni Novanta arriviamo infine al ventunesimo secolo: l'epoca storica in cui viviamo oggi.

Oggi il prodotto, il servizio e la relazione con il cliente non è che siano meno importanti.

Anzi, esattamente il contrario: sono talmente importanti che sono le basi fondamentale con cui lavorare.

Oggi il tuo cliente dà per scontato che il tuo sia un buon prodotto, con un buon servizio correlato e che ci sia una particolare attenzione su di lui e sulle sue esigenze.

Questi tre aspetti non sono quelli che ti fanno diventare un imprenditore di successo: sono gli aspetti che ti servono per aprire e per entrare nel mercato.

Oggi siamo entrati nell'era dell'orientamento alla concorrenza.

L'orientamento alla concorrenza è la risposta più concreta e più coerente ad un mercato ultra affollato come quello di oggi.

Nel mercato là fuori, c'è tutto. Non ci sono vuoti da colmare nel mercato.

Perché c'è fin troppa roba. In tutte le categorie, in tutti i settori, in tutte le zone.

Ovunque si giri, lo stesso cliente che tu cerchi di attirare all'interno del tuo locale, è costantemente bombardato dagli annunci e dalle inserzioni dei tuoi concorrenti.

Ma in tutto questo, c'è una buona notizia.

Anzi, due!

La prima buona notizia è che il 90% dei ristoratori tuoi concorrenti, non è consapevole di tutto ciò: nessuno gli ha mai aperto gli occhi da questo punto di vista.

Mediamente, i tuoi concorrenti continuano ossessivamente a lavorare sul prodotto, convinti del fatto che chi ha il prodotto migliore vinca sempre.

C'è solo un piccolo problema: tu puoi anche essere il numero 1 nel tuo prodotto di punta. Puoi essere il migliore in tutta Italia a fare le tagliatelle ai porcini, con una modalità di preparazione e di cottura che ti è stata tramandata dai tuoi antenati del 1700, che nessun altro conosce.

Ma se il mondo là fuori non ha modo di venirlo a sapere... Tu rimani quello che fa le migliori tagliatelle ai porcini che l'universo abbia mai visto, con un locale che però non riesce mai a decollare come meriterebbe.

Esatto: come meriterebbe.

Se stai leggendo questo libro, è perché hai a cuore il tuo futuro come imprenditore e il futuro della tua famiglia.

Altrimenti non ti saresti ritagliato una parte del tuo tempo (che è pochissimo, lo sappiamo bene) per immergerti nella lettura.

E siamo convinti che tu non abbia problemi a individuare la tua specialità o quel cavallo di battaglia che gli altri non hanno.

Il problema è che, se non trovi un modo per metterlo in leva e per comunicarlo, l'impero che potresti costruire si blocca in partenza.

Perché poi, lo sappiamo benissimo qual è il brutto spettacolo al quale hai già assistito più volte: tu hai un prodotto e un servizio che vale 10, e vedi un tuo concorrente che vale 6, ma che ha il locale pieno tutti i giorni a pranzo e a cena.

La domanda è: com'è possibile? Che cos'ha lui in più rispetto a te?

La risposta a questa domanda la troviamo nella seconda buona notizia che ti avevamo promesso.

Ricapitoliamo brevemente: la prima buona notizia è che la stragrande maggioranza dei tuoi concorrenti non è consapevole di tutto quello che ci siamo detti fino adesso.

Quindi, hai già un vantaggio competitivo che è preziosissimo! E siamo solo alla prima metà del secondo capitolo.

La seconda buona notizia è che il campo dove stai combattendo in quanto imprenditore, non è il mercato.

Il campo di battaglia è la mente del tuo cliente.

Fai molta attenzione, perché questo è un passaggio fondamentale da comprendere.

Durante gli appuntamenti con le migliaia di imprenditori che abbiamo incontrato in questi anni, a volte capitava che questo concetto venisse percepito come poco concreto, di poco conto.

Ed è la stessa cosa che era successa a noi all'inizio, la prima volta che ne abbiamo sentito parlare.

La reazione di tutti e tre è stata: "*Ma no! Certo che la battaglia si combatte sul mercato, sul campo! Cosa diamine c'entra la mente del cliente?*".

Ci sembrava un approccio troppo astratto e molto poco imprenditoriale. Ma per fortuna, abbiamo deciso di lasciare da parte i pregiudizi e approfondire l'argomento.

E nel giro di pochissimo, abbiamo capito che è davvero così: la battaglia si combatte nella mente del cliente.

Cerchiamo di essere più chiari e più pratici possibile: nel mercato là fuori, nel mercato "reale", non esistono vuoti. C'è tutto quello di cui una persona ha bisogno. Anzi, c'è fin troppo come offerta. Ricordi l'esempio del numero di ristoranti a Giussano?

Esattamente quello è il concetto.

Cerchi un ristorante specialità pesce nella tua zona? Lo trovi!

Cerchi un negozio di abbigliamento stile Country nella tua zona? Lo trovi! Se non lo trovi vicino a te, ti fai qualche chilometro per raggiungerlo. Se non hai voglia di farti qualche chilometro, apri Google e in 2 minuti hai trovato un e-commerce di quel genere.

Cerchi un software per gestire le comande del tuo locale? Lo trovi, garantito.

Ciò significa che non vale la pena aprire un nuovo ristorante di pesce, un negozio di abbigliamento stile Country, o una nuova azienda che si occupa di software per la gestione delle comande?

Assolutamente no! Il mercato può essere pieno, ma la mente dei tuoi clienti non arriverà mai ad essere piena.

Fai molta attenzione a quest'ultimo passaggio, perché è quello che chiude il cerchio e che ti rende più chiara tutta la questione.

Perché adesso ci ricolleghiamo al punto iniziale: in cosa consiste di preciso l'orientamento alla concorrenza?

Fare impresa orientati alla concorrenza significa scendere in campo per riempire lo spazio che la concorrenza ha lasciato vuoto (vuoto nella mente del cliente).

E qui facciamo un esempio pratico nel mondo della ristorazione. Precisamente nel mondo della pizza.

Andiamo oltreoceano, per analizzare le manovre che fanno gli imprenditori americani quando aprono una pizzeria.

"No ragazzi, state scherzando? Va bene tutto, ma l'America come esempio per la pizza è troppo..."

Siamo d'accordo con la tua visione. Ma c'è qualcosa che devi assolutamente sapere: ti suggeriamo di metterti comodo e, se ti senti disidratato, di bere un bicchiere d'acqua. Le prossime pagine potrebbero farti cadere le braccia (per non dire qualcos'altro).

Negli Stati Uniti la pizzeria numero 1 è Pizza Hut. La strategia di Pizza Hut, per crescere e diventare la catena di pizzerie numero 1, è stata quella di focalizzarsi solo ed esclusivamente sulla pizza.

Niente "Ristorante-Pizzeria", niente "Pizzeria-Gastronomia", niente "Pizza e Hamburger" e niente "Pizzeria-Rosticceria".

Solo pizza, con solo 11 varianti in totale.

Quindi, parlando di orientamento alla concorrenza: Pizza Hut si differenzia rispetto a tutti gli altri ristoranti americani, perché è specializzata nella pizza.

E la domanda sorge spontanea: questo significa che chi fa solo pizza fa sempre una pizza più buona, rispetto a chi non fa solo pizza?

Nel mercato "reale" no.

Nelle mente delle persone, sì.

E dov'è che si combatte la guerra oggi?

Esatto: nella mente dei clienti e dei potenziali clienti. La nostra mente funziona così: lo specialista è sempre più bravo del generalista.

È sempre vero poi nella "realtà"? Certo che no! Ma la percezione dei tuoi clienti è più importante della realtà.

E visto che i soldi arrivano dai tuoi clienti, la strategia più furba è muoversi di conseguenza.

In più, c'è anche un altro aspetto che vale la pena sottolineare: essere focalizzato ti dà dei vantaggi pazzeschi sulla redditività totale della tua impresa.

Di base, avere tanti prodotti ti genera più costi (sia fissi che variabili).

Prova a pensare queste due situazioni:

- Situazione A: 40mila euro di costi mensili, per 8 materie prime. Se vuoi, puoi acquistare tutto da un unico fornitore

- Situazione B: 40mila euro di costi mensili, per 27 materie prime. E qui hai bisogno di almeno 4 fornitori diversi

L'uscita di denaro è la stessa, ma la situazione A è di gran lunga migliore della situazione B, sei d'accordo?

Di questi temi finanziari parleremo nel capitolo 6, dedicato al controllo di gestione, ai flussi di cassa e alla marginalità.

Il concetto è che avere poche materie prime abbassa tantissimo i costi e aumenta a dismisura i margini. In più, hai meno sprechi e hai bisogno di meno personale e di meno procedure.

Tradotto: meno complessità e più soldi in tasca. Non è male, vero?

Ma l'esempio delle pizze non finisce qui.

Facciamo un passo avanti: dopo Pizza Hut, negli USA ha aperto i battenti Domino's.

Che cos'ha fatto Domino's, per posizionarsi contro Pizza Hut? Si è focalizzata su un unico attributo, e ha incentrato tutto il marketing su quello: la consegna veloce a domicilio.

In questo modo, è nato lo slogan *"30 minutes or it's free"*. Ovvero: pizza a casa tua in 30 minuti, o è gratis.

Domino's è entrata nella testa degli americani come "La pizza veloce a domicilio" ed è diventata la catena di pizzerie più ricca del mondo, arrivando a 14,3 miliardi di fatturato nel 2019.

Ultimo esempio: Little Caesars, che si è posizionata contro Domino's andando esattamente all'opposto. Domino's è la pizza veloce a domicilio? Benissimo, Little Caesars è la pizza che non puoi farti consegnare a casa. E non puoi nemmeno mangiarla in loco.

"Mmmmm e quindi, qual è l'elemento differenziante?".

Little Caesars ha creato lo stesso modello di business del McDrive: non fa le consegne e non dà la possibilità di mangiare la pizza in loco.

Così facendo, riduce all'osso i costi (compresi i costi di affitto dei locali) e ti dà due pizze al prezzo di una: la formula del "2 al prezzo di 1" diventa l'elemento differenziante.

Dunque... Pizza Hut, Domino's e Little Caesars fanno la stessa identica pizza, ma posizionata in modo diverso nella mente delle persone.

E la pizza, bene o male, è uguale: te lo possiamo assicurare perché l'abbiamo provata di persona!

Ma non è finita qui: parliamo dei prezzi. Quanto costa la pizza in Italia e quanto costa la pizza in USA.

In Italia, siamo su una media di 6/7€. C'è la margherita che costa 4 o 5€ e la pizza gourmet col salmone norvegese che costa 10 o 11€. Di media, stiamo appunto sui 6/7€.

Sai quant'è il prezzo medio della pizza negli Stati Uniti? 16 dollari.

Senza stare a incasinarci nel fare il conto del cambio euro/dollaro (che cambia in continuazione), siamo tutti d'accordo nel dire che una pizzeria americana fa il doppio dei soldi, per ogni singola pizza venduta, rispetto ad una pizzeria italiana.

E siamo universalmente d'accordo anche su un'altra cosa: gli americani fanno una pizza mediocre. Su questo sfidiamo chiunque a dire il contrario.

Non c'è partita. La pizza, come tutto il cibo italiano, è un'eccellenza mondiale senza paragoni.

Se dovessimo ragionare in termini di qualità, se la pizza americana costa mediamente 16 dollari, la pizza italiana dovrebbe costare almeno 50 euro.

Ma i numeri ci dicono che le cose non stanno così...

"Sì, ma se le pizzerie americane ci provassero in Italia, non funzionerebbero...".

Questo era il grosso interrogativo... E lo è stato fino al 2015, quando Domino's è arrivata in Italia.

Incredibile ma vero: la pizzeria americana sta facendo il culo alle pizzerie italiane, in casa nostra.

Sicuramente la materia prima di Domino's in Italia è molto più di qualità rispetto a quella di Domino's in USA. Ma non è questo il punto: Domino's sta vincendo la partita anche in Italia, utilizzando le stesse logiche che ha usato oltreoceano: sfornare pizze con efficienza industriale e precisione chirurgica, consegnandola velocemente a casa dei clienti.

Alla luce di tutto questo, il tuo primo obiettivo come ristoratore o proprietario di un locale (o meglio ancora: imprenditore nel settore della ristorazione) non è pensare a migliorare la qualità del tuo prodotto.

Lo ribadiamo di nuovo: la qualità è importante, ma la gente non ti sceglie per la qualità.

Il tuo primo obiettivo è trovare il tuo cavallo di battaglia, il tuo elemento differenziante che ti renda diverso agli occhi dei potenziali clienti.

Questa è la base per prendere la direzione giusta e sbaragliare la concorrenza.

È facile? Tutt'altro.

Ne vale la pena? Sì, tantissimo!

E non solo ne vale la pena… È anche l'unica strada possibile per creare un'impresa sana e sostenibile da qui ai prossimi decenni.

I tre pilastri del capitolo 2:

1. Oggi il prodotto, il servizio e la relazione con il cliente non hanno perso di importanza, anzi: sono diventati la normalità. La sfida è trovare l'angolo giusto per posizionarsi contro la concorrenza: in un mercato affollato come quello di oggi, l'orientamento alla concorrenza è la risposta

2. Il campo di battaglia non è il mercato: la guerra per aumentare il tuo giro d'affari si combatte nella mente dei clienti. Il tuo primo obiettivo è trovare il tuo cavallo di battaglia, che ti renda diverso agli occhi dei potenziali clienti

3. Puoi anche avere il prodotto migliore del mondo, ma se non trovi il modo per metterlo in leva e far sì che le persone conoscano il tuo locale, non decollerai mai come meriteresti

Capitolo 3:
Il lato oscuro dei social network

"Essere famoso su Instagram
è fondamentalmente la stessa cosa
di essere ricco al Monopoly"
Anonimo

Ed eccoci qui, alla terza fermata del nostro viaggio.

Nei primi due capitoli abbiamo affrontato diversi temi, che oggi sono di cruciale importanza nel complicato mondo della ristorazione.

Abbiamo visto com'è cambiato e come si è evoluto il mondo degli imprenditori negli ultimi settant'anni e ce l'abbiamo messa tutta per trasferirti un messaggio fondamentale: il primo obiettivo è trovare il tuo elemento differenziante.

Quell'attributo che ti rende unico e, soprattutto, diverso dalla marea di concorrenti che hai intorno a te.

Prima di andare nel cuore di questo capitolo, ci teniamo a darti delle risposte pratiche. Pratiche e applicabili nella tua realtà.

Nelle pagine precedenti, abbiamo preso come casi studio le grandi catene di pizzerie, presenti in tutto il mondo.

Ora ti diamo un esempio più vicino a te, da cui puoi prendere spunto più facilmente.

Prenderemo come caso studio il Ristorante "L'Ancora". E attenzione: non perché le strategie che applichiamo al Ristorante "L'Ancora" siano quelle giuste.

Non esistono strategie giuste e strategie sbagliate: esistono le strategie pratiche a misura di imprenditore e le supercazzole delle agenzie pubblicitarie e dei presunti esperti di marketing (che non hanno mai avuto un'azienda vera su cui applicare le misteriose teorie che divulgano).

Tra le due alternative, scegliamo sempre la prima.

Quindi, andando al sodo: con il Ristorante "L'Ancora" abbiamo scelto un cavallo di battaglia e battiamo il chiodo su quello ogni giorno, senza sosta, da diversi anni.

Il cavallo di battaglia è il piatto di punta: le fettuccine al cartoccio. Non si tratta del classico "cartoccio" che tutti conosciamo: sono delle fettuccine ai frutti di mare, ricoperte con la pasta della pizza.

È una rivisitazione della classica pasta allo scoglio: visto che non funziona la strategia del "La mia pasta alla scoglio è più buona e più di qualità", abbiamo deciso di differenziarci in questo modo.

La preparazione funziona così: una volta pronta, la pasta allo scoglio esce dalla padella e finisce su un vassoio, per poi essere portata direttamente in pizzeria. Lì viene ricoperta dalla pasta della pizza e introdotta nel forno a legna.

Finito il processo di cottura, il piatto viene presentato in due fasi. Un po' come succede per la torta di compleanno:

prima la fai vedere al cliente "intera", con tutte le decorazioni, le candeline e le scritte di auguri, poi la fai tagliare e servi le varie fette.

Questo migliora drasticamente l'esperienza d'acquisto: nel nostro esempio, prima arrivano le fettuccine ricoperte dalla pasta della pizza, per mostrare al cliente il piatto "finito" e creare una sorta di "Effetto Wow".

Successivamente, arriva la versione pronta per essere mangiata: la pasta allo scoglio su un letto di pasta della pizza.

Questo è il nostro cavallo di battaglia. E gran parte della nostra comunicazione è incentrata sulle fettuccine al cartoccio.

Perché è proprio questo il secondo step: una volta trovato il tuo elemento differenziante, è il momento di far sì che tutti i potenziali clienti lo vengano a sapere. Tra pochissimo vedremo insieme quali strumenti puoi utilizzare per farlo.

Ma prima, c'è un principio che vogliamo che tu comprenda (perché poi potrai applicarlo in totale autonomia alla tua realtà): "L'Ancora" è entrata nella mente dei clienti della zona come "Gli inventori delle fettuccine al cartoccio".

È stato il Ristorante "L'Ancora" ad arrivare per primo con le fettuccine al cartoccio, nella zona di riferimento?

Sì, è stato il primo. Ma non era necessario essere davvero il primo, nel mercato "reale". Conta essere il primo a livello percepito. Tradotto: conta essere il primo nella mente dei potenziali clienti.

Tradotto in termini ancora più concreti: se tu sei una pizzeria e vuoi usare come cavallo di battaglia (stile Domino's) la consegna a domicilio veloce, non importa se c'è qualcuno che ha già iniziato a farlo prima di te.

Se tu non arrivi per primo nel mercato "reale", ma sei bravo a comunicarlo in modo più efficace e ad entrare prima nella mente del cliente, diventi automaticamente il primo.

Ricorda: la battaglia non si combatte nel mercato. La battaglia si combatte nella mente del cliente. E se ti posizioni in modo forte nella mente dei clienti, è molto molto difficile uscirne.

Facciamo due esempi pratici: il fast food nato per primo è stato McDonald's, giusto?

Sbagliato!

McDonald's è nato nel 1955, mentre Burger King è nato un anno prima, nel 1954.

Ma se noi ti diciamo "Fast food di hamburger", il primo che ti viene in mente è McDonald's, mentre Burger King è al secondo posto.

Altro esempio: se ti diciamo "Primo social network", chi ti viene in mente?

Ovvio, Facebook!

Ma Facebook è stato il primo social network? Assolutamente no. Ma è stato il primo social a entrare nella mente dei clienti.

Nel mercato "reale", Facebook non è nemmeno il secondo, bensì il terzo: prima di Facebook sono nati Friendster e MySpace. Ma Facebook ha avuto la bravura e il merito di diffondere il suo messaggio in modo più veloce e più potente.

È proprio questo il tema: nel tuo piccolo, la sfida è essere bravo a diffondere il nome del tuo locale, in un modo più efficace e più veloce rispetto agli altri.

E c'è un'ottima notizia: il tuo obiettivo è farlo sul tuo territorio, nel tuo piccolo. Almeno all'inizio.

McDonald's e Facebook hanno vinto una gara a livello globale, riuscendo a trovare una posizione nella mente di 7,7 miliardi di persone (ovvero l'intera popolazione mondiale).

Ora, siamo d'accordo che questi numeri possano spaventare e farti sentire piccolo piccolo, di fronte a questi colossi che fanno miliardi di dollari.

Spaventavano anche noi all'inizio… Vedere questi signori che sono riusciti ad impattare sul mondo intero, rischia di farti sentire minuscolo e insignificante.

Poi, ci siamo ripresi da questi complessi di inferiorità e siamo arrivati alla conclusione corretta: il tuo obiettivo è fare la stessa cosa, ma a livello locale.

Non hai mica bisogno di arrivare a miliardi di persone per creare un'impresa che funzioni, che sia rodata e che generi ricchezza: **a seconda della grandezza della tua zona, il tuo scopo è colpire quelle mille, cinquemila, diecimila,**

centomila persone che possono diventare tuoi clienti abituali.

Quindi, entriamo nel vivo di questo capitolo: come si arriva ad avere un impatto su queste migliaia di persone?

La strada migliore è quella di utilizzare i social network come strumento. Fai bene attenzione a queste due parole: COME STRUMENTO.

Da un certo punto di vista, avremmo potuto iniziare subito a parlare dei social, della potenza della rete, dell'online, del digitale e di tutte queste belle cose.

E invece abbiamo dedicato i primi due capitoli e mezzo a fare tutta una serie di premesse, una dietro l'altra. Correndo anche il rischio di risultare noiosi e all'apparenza poco concreti.

Prima di arrivare a parlare dei social, abbiamo cercato di renderti consapevole:

- Di come è cambiato il modo di fare impresa negli ultimi 70 anni

- Del campo di battaglia in cui si combatte oggi (ovvero la mente dei clienti, e non il mercato)
- Dell'importanza di trovare il tuo elemento differenziante
- Del vero motivo per cui le persone scelgono te invece dei tuoi concorrenti, ovvero l'esperienza d'acquisto
- Del perché sono gli americani a fare i soldi veri con la pizza
- Del perché oggi non emergi più solo con il prodotto, il servizio e l'orientamento al cliente
- Del ruolo chiave della focalizzazione, per la redditività complessiva della tua azienda

Il motivo per cui l'abbiamo fatto è solo uno: senza tutte queste basi, i social sono inutili.

È anche questo il motivo per cui abbiamo aperto questo capitolo con una frase un po' provocatoria: *"Essere famoso su Instagram è fondamentalmente la stessa cosa di essere ricco al Monopoly"*.

Nella tua vita, probabilmente ti è già capitato di incontrare presunti professionisti, che si sono proposti per "gestire i social del tuo locale".

Qui si aprono i veri problemi: chiunque non sia preparato e non conosca tutto quello di cui abbiamo parlato fino ad ora, non deve minimamente toccare la tua attività.

Nemmeno per pubblicare una foto sui social. Nella maniera più assoluta.

Vogliamo essere totalmente senza filtri e parlare a cuore aperto con te di questo argomento, perché in questi anni ne abbiamo viste davvero di tutti i colori. Per questo motivo ti garantiamo una cosa: dopo questo capitolo, sarai vaccinato a vita contro chiunque voglia spillarti soldi per "gestirti i social".

Possiamo riassumere tutti questi simpaticoni in 5 categorie di figure, piuttosto ambigue e molto discutibili.

Al primo posto, ci sono i presunti esperti di marketing che vengono da te e provano a rincoglionirti con termini tecnici che nemmeno Mark Zuckerberg (il fondatore di Facebook) conosce. Non devi prendertela: a questa gente dobbiamo voler bene come se fossero persone normali.

Al secondo posto, troviamo i laureati in marketing. Questi sono i personaggi che ti raccontano le supercazzole che funzionerebbero solo in un mondo fatato di maghi e unicorni. Che però esiste solo nei libri Fantasy. Non lo fanno con cattiveria, ma inconsapevolmente: purtroppo, il marketing insegnato in università è molto distante da quello che realmente serve alla piccola-media impresa.

Medaglia di bronzo invece per i "Social Media Managers" improvvisati. Al terzo gradino del podio troviamo questi personaggi che, tipicamente, comprano un videocorso da 27€ e sono profondamente convinti di aver scoperto come fare marketing. Ma in verità hanno semplicemente capito come funzionano i social. E a volte non l'hanno capito nemmeno così bene.

Fai molta attenzione: la competenza vincente non è "saper gestire i social". A te non interessa avere la pagina Instagram del tuo ristorante "gestita bene".

Quello che ti interessa è far sì che i social diventino degli alleati e non dei nemici, corretto?

Ma per trasformare i social in tuoi alleati, servono tutte le basi di cui abbiamo parlato finora.

Quindi: studiare la concorrenza, capire come trovare l'elemento differenziante, avere chiaro dove margini di più, capire il modo in cui posizionarti nella mente del cliente… E, una volta chiaro tutto questo, usare i social come strumento per metterlo in leva.

E là fuori ci sono pochissime persone che sono consapevoli che la questione non è "saper gestire i social", ma "utilizzare i social come strumento".

Di queste pochissime persone che ne sono consapevoli, c'è una percentuale (ancora più bassa) di persone che sono davvero competenti nel farlo, dal punto di vista tecnico e pratico.

E in questo, ci colleghiamo alla quarta categoria a cui devi fare molta attenzione: agenzie di marketing, agenzie pubblicitarie e agenzie di comunicazione.

Il discorso è molto simile a quello fatto per i "Social Media Managers": tutte queste agenzie hanno rovinato il mondo del marketing in Italia. Per lo stesso motivo di cui abbiamo parlato poco fa.

Questo è un messaggio che abbiamo ricevuto sul profilo Instagram di Ristomarketing:

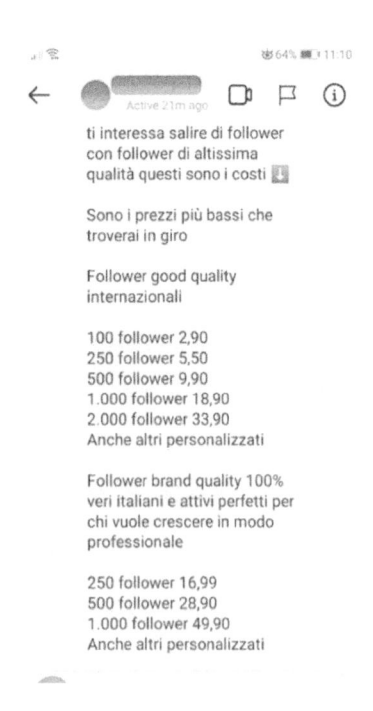

> ti interessa salire di follower con follower di altissima qualità questi sono i costi 📋
>
> Sono i prezzi più bassi che troverai in giro
>
> Follower good quality internazionali
>
> 100 follower 2,90
> 250 follower 5,50
> 500 follower 9,90
> 1.000 follower 18,90
> 2.000 follower 33,90
> Anche altri personalizzati
>
> Follower brand quality 100% veri italiani e attivi perfetti per chi vuole crescere in modo professionale
>
> 250 follower 16,99
> 500 follower 28,90
> 1.000 follower 49,90
> Anche altri personalizzati

Ora, non abbiamo voglia di perdere tempo ed energie con questa sottospecie di esseri viventi. Ma se ce l'avessimo, questa gente sarebbe da denunciare.

Nel momento in cui la banca accetterà i like e i followers come metodo di pagamento, allora tutto quello che hai letto in questo capitolo non avrà senso.

Per scrupolo, l'altro giorno siamo andati in banca a verificare. E il direttore ci ha confermato che i like e i followers non sono ancora accettati come valuta.

Ci siamo rimasti davvero male...

Quindi: fino a quando i conti li potrai pagare solamente in soldi, stai alla larga da chi cerca di rincoglionirti parlando di aumentare i followers, far crescere i profili e tutte queste cose assurde.

E stai alla larga anche da chi ti parla di "Instagram Marketing".

NON ESISTE L'INSTAGRAM MARKETING.

Ogni volta che esce un nuovo social network, noi siamo lì che li aspettiamo.

Di chi stiamo parlando?

Dei fenomeni che ti parlano di:

- Instagram Marketing
- Facebook Marketing
- TikTok Marketing
- LinkedIn Marketing
- YouTube Marketing

Tutto questo è assurdo: tutta questa roba non esiste.

Esistono dei principi e delle strategie di marketing che bisogna conoscere e continuare a studiare. Ed esistono degli strumenti, online e offline, che puoi utilizzare. Tra questi strumenti, ci sono anche i social network e i motori di ricerca (ovvero Google e YouTube, che sono i primi due al mondo per utilizzo). Fine.

Detto questo, concludiamo con l'ultima categoria: al quinto posto troviamo i fotografi.

Già... Da quando è esploso l'utilizzo di Instagram (il "Social delle foto"), sono cominciati a uscire come funghi i fotografi che hanno fiutato l'opportunità di farci qualche soldo sopra. Il ragionamento di questi fenomeni è una cosa del tipo: "Instagram è il social della fotografia, io so fare le foto. Quindi inizio a propormi ai locali come fotografo e come gestore della pagina Instagram".

Della serie: "Io faccio le foto e, già che ci sono, mi faccio pagare per postarle anche su Instagram. Tanto, che ci vuole?".

La cosa che ci fa ribollire il sangue nelle vene è proprio il "Già che ci sono". Come se quello che fa la differenza è solamente fare delle belle foto e condividerle sui social.

Se alla base non c'è una strategia basata sui valori dell'attività, in cui è chiaro da dove arrivano i margini più importanti, in cui è stato fatto uno studio sul posizionamento e su come aggredire la concorrenza, stai semplicemente pubblicando delle foto a vuoto, nel nulla.

E in questo, non vogliamo assolutamente sminuire nessun fotografo, in nessun modo. Anche perché, noi stessi offriamo un servizio ad abbonamento, in cui lo shooting fotografico ha un ruolo chiave. E abbiamo diversi fotografi che lavorano con noi, che hanno tutta la nostra stima.

E, anzi... Quando c'è da parlare del lato artistico e creativo, siamo noi i primi che lasciamo spazio ai fotografi, perché sono loro ad essere competenti da questo punto di vista.

Quando però parliamo di competenze di marketing, lì la situazione cambia. A parte una piccolissima cerchia (ma parliamo di meno dell'1%) i fotografi sono completamente ignoranti da un punto di vista imprenditoriale e di marketing.

E non bisogna farne una colpa: è giusto così. Nella vita fanno i fotografi, ci mancherebbe.

E proprio per questo motivo, non puoi affidarti ad un fotografo per capire come trasformare i social in uno strumento di lavoro.

Perfetto, ora è il momento di entrare nel vivo e scoprire il misterioso mondo dei social network.

Rinchiuderemo in soffitta tutte le opinioni personali e metteremo sul piatto l'unico criterio di valutazione che piace a noi imprenditori: i numeri.

E metteremo da parte anche i nostri gusti personali. Ti invitiamo di fare lo stesso: che a te piaccia o non piaccia Instagram, è irrilevante.

Se tu non usi Facebook perché credi che sia una perdita di tempo, non è importante.

Non stiamo parlando di essere sui social come utilizzatori.

Stiamo parlando di utilizzare i social come strumento per il tuo locale, ricordi?

Quindi, non importa se tu non usi i social.

Quello che conta è che i tuoi clienti utilizzano i social, sono sui social e si fanno condizionare dai social.

E ora scopriremo in che termini, di preciso.

Partiamo da questi due dati (fonti: *WeAreSocial* e *Hootsuite*):

La prima immagine riguarda l'Italia e ci dice che 35 milioni di italiani sono attivi sui social. Considerando che siamo 60 milioni di abitanti, deduciamo che quasi 6 italiani su 10 sono sui social (e in questo conto sono compresi anche i bambini e i non più giovani).

Il secondo dato è invece a livello mondiale ed è ancora più significativo: ci dice che, in media, le persone passano quasi due ore e mezza al giorno sui social.

Terzo dato che vogliamo condividere con te:

Secondo una ricerca pubblicata da Only Way Online nel 2017, il 30% dei 18 - 35enni scelgono o evitano un ristorante in base alla sua reputation su Instagram. Bel locale, comunicazione carina, cibo invitante... prenotato! Locale orrendo, comunicazione poco curata o casuale, cibo non bello da vedere... a mai più!

Ed è un dato del 2017, quando Instagram aveva "solo" 700 milioni di utenti ed era ancora un social per ragazzi sotto i 30 anni.

Oggi Instagram ha 1,15 miliardi di utenti. E l'Italia è al decimo posto nel mondo nella classifica del maggior numero di abitanti che sono su Instagram: 19 milioni in totale.

Sappiamo che puoi pensare *"Però io non uso Instagram per valutare un ristorante o un locale"*.

Torniamo al punto che abbiamo visto poco fa: non conta come agisci tu, conta come agisce il tuo cliente. O gli amici dei tuoi clienti che ti conoscono grazie al passaparola.

Valutare le cose che ti circondano con un approccio soggettivo, ti porta sulla strada sbagliata.

Se ci pensi, la domanda fondamentale di cui abbiamo parlato nel primo capitolo, si basa su un approccio in cui dobbiamo mettere da parte la nostra soggettività: *"Perché un cliente dovrebbe scegliere di venire a mangiare da me, invece di andare in un altro ristorante?"*.

Facciamo un esempio pratico: un tuo cliente suggerisce il tuo locale ad un amico. Oggi la prima cosa che fa una persona è aprire i social (Instagram in particolare) per cercare delle conferme.

È un automatismo: un amico mi suggerisce un ristorante o un locale, me ne parla benissimo dicendo che è un posto molto bello. Io apro Instagram e cerco la conferma che sia veramente così.

Non è per diffidenza, attenzione: è perché noi esseri umani siamo sempre alla ricerca di conferme. E oggi c'è un aggeggio che abbiamo sempre in tasca, che ci consente di farlo in pochi secondi: lo smartphone.

Se l'amico del tuo cliente ti cerca su Instagram e tu non ci sei (o ci sei, ma non hai un'immagine curata), ti stai totalmente compromettendo.

Lo so, anche a noi questa cosa non piace. Sembra quasi che apparire sia più importante che essere.

Sarebbe bello focalizzarsi al 100% solo sui piatti, sulla carta dei vini e sull'esperienza da dare al cliente. Sul servizio di qualità.

Ma abbiamo capito che non siamo più negli anni Ottanta: puoi anche avere il miglior prodotto e il miglior servizio, ma se il tuo cliente non lo sa, è come se non ce l'avessi.

Nel mondo digitale in cui viviamo oggi, la percezione della realtà è più importante della realtà stessa.

È giusto? È sbagliato? Non ne abbiamo idea. Ma non è questione di giusto o sbagliato. È qualcosa che non si può cambiare: ci si può solo rimboccare le maniche per capire come agire di conseguenza.

Se io cerco un ristorante o un locale su Instagram e trovo una vetrina senza una logica e con delle immagini poco curate, mi si storce il naso. Eh no... Anche se hai l'ultimo modello dell'iPhone con la tripla fotocamera, non va bene: serve una macchina fotografica moderna, nelle mani di un fotografo professionista.

E il fotografo deve essere supportato da persone con delle vere competenze in termini di marketing e di imprenditoria: come abbiamo visto prima, il fotografo da solo non basta, perché gli manca il pezzo più importante.

Detto questo, ci colleghiamo ora al quarto e al quinto dato che vogliamo condividere con te.

La statistica di *Only Way Online* parlava delle persone tra i 28 e i 35 anni. la reazione spontanea potrebbe essere: *"Ah ok, ma vale solo per i giovani allora..."*.

E invece no!

Anche noi pensavamo che l'immagine su Instagram fosse poco utile per un locale con una clientela "meno giovane".

Ma nel 2020 è successa una cosa che non potevamo prevedere: siamo stati chiusi in casa per due mesi e mezzo consecutivi, a causa del lockdown per il Covid (contando solo il "primo lockdown").

Tutti siamo rimasti chiusi in casa. Dal bimbo di 4 anni, che nasce col digitale già nel sangue, al nonno di 87 anni, che al massimo ha un Nokia 3310.

<small>Dall'inizio dell'emergenza, in Italia si è registrato un incremento relativo all'utilizzo dei social del 70%. Le Instagram e Facebook Live views sono duplicate, lo scambio di messaggi è aumentato del 50% e il tempo speso in chiamate di gruppo è aumentato del 1000%.</small>

Secondo la ricerca, il mese di aprile ha visto un considerevole aumento dell'uso dello smartphone secondo il 76% del campione (soprattutto le donne, al 79%, contro il 74% degli uomini). E questo tempo viene utilizzato per stare di più sui social (per il 47% del totale del campione, di cui un 23% dichiara un considerevole aumento del tempo impiegato). I Paesi più social dipendenti sono le Filippine (64% della popolazione dichiara di aver aumentato nel mese di aprile il tempo passato sui social), il Brasile, il Sudafrica. I meno colpiti, il Giappone e la Germania (23 e 26%). L'Italia si trova esattamente a metà, con un 45% degli utenti che dichiara un incremento di uso dei social network.

La fonte della prima immagine è *ChangeTheFuture*, mentre la seconda arriva da *Repubblica*.

Ora, la questione è molto semplice: se il "primo lockdown" fosse durato 15 giorni, probabilmente non sarebbe cambiato nulla.

Ma l'essere umano consolida una nuova abitudine in un tempo che va da 21 ai 30 giorni.

Qui parliamo di oltre 70 giorni in totale.

Già, è successo. Tutti hanno iniziato ad usare i social. Tutti hanno iniziato a cercare informazioni sui social. Tutti hanno iniziato a prendere confidenza coi social.

Si è consolidata una nuova abitudine nella mente delle persone. E, parlando di numeri, nel 2020 il numero di iscritti sui social è aumentato del 13%, a livello mondiale. Tradotto: quasi 500 milioni di nuovi iscritti in un solo anno.

Ma non ci siamo fermati qui: abbiamo voluto ricercare la conferma definitiva di tutto questo.

In che modo?

Utilizzando Instagram come strumento. A ottobre del 2020 abbiamo personalmente condotto un sondaggio, ponendo questa domanda:

"Scegli il ristorante in base al profilo (social) che mostra?".

Abbiamo lanciato il sondaggio dai nostri 3 profili personali su Instagram e dal profilo del Ristorante "L'Ancora".

Questi sono stati i risultati:

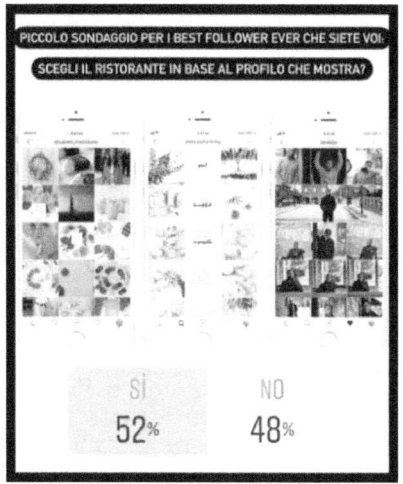

E attenzione, il sondaggio non è stato: "*Scegli il ristorante ANCHE in base al profilo (social) che mostra?*".

Il sondaggio è stato: *"Scegli il ristorante in base al profilo (social) che mostra?"*.

Facendo una media totale, il 59% ha risposto "Sì".

Significa che, su 100 persone, 59 ti escludono a priori e vanno a mangiare dal tuo concorrente solo perchè il tuo profilo Instagram non è curato!

Ora, non ci dilunghiamo con altri dati e altre statistiche: cercando su Google ne trovi a centinaia e, su *WeAreSocial*, trovi tutte le statistiche aggiornate su questo mondo controverso.

E puoi stare certo di una cosa: più andiamo avanti, più l'utilizzo dei social crescerà e diventerà ancora più importante saperli utilizzare come strumento.

Pensa solo al potere che ti danno Facebook e Instagram: queste due piattaforme ti consentono di decidere, in modo estremamente dettagliato, a chi far arrivare il tuo "messaggio pubblicitario".

Prima era diverso: se volevi farti conoscere, l'unica forma pubblicitaria era fare inserzioni sul giornale o, se avevi tanti soldi da investire, pagare per uno spot in televisione.

Di base, non potevi scegliere il pubblico a cui far arrivare il tuo annuncio: arrivava in modo causale ad un pubblico vasto ed eterogeneo.

Oggi invece, grazie a Facebook e Instagram (che sono di proprietà della stessa compagnia, ovvero Facebook Inc.) puoi farlo.

Facciamo un esempio: vuoi raggiungere chi abita a Monza e nel raggio di 17 km da Monza?

Tramite la piattaforma che Facebook ti mette a disposizione (che si chiama *Business Manager*), puoi farlo.

Guarda questa immagine: stiamo dicendo a Facebook di far arrivare il nostro annuncio proprio a chi risiede a Monza e nel raggio di 17 km da Monza.

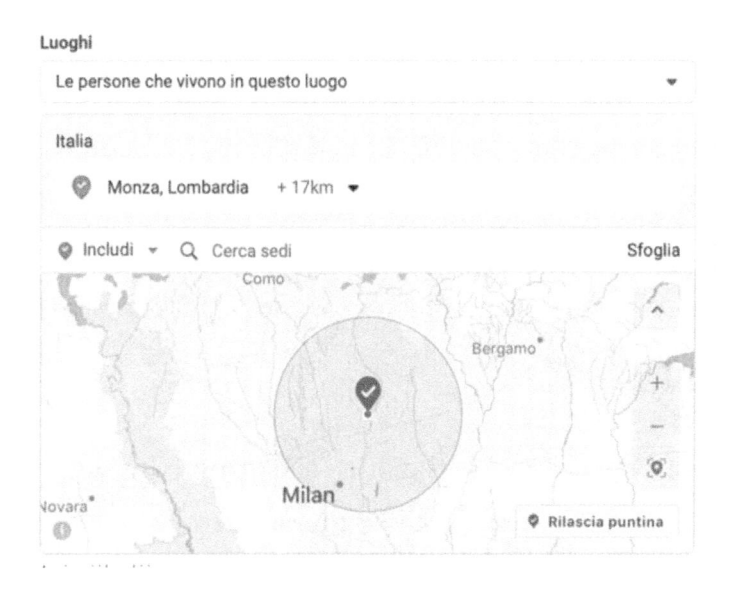

Ma non è finita qui: puoi decidere anche l'età, il sesso e gli interessi di queste persone. Dunque: decido di voler raggiungere solo le donne nel raggio di 17 km da Monza, tra i 23 e i 37 anni, che hanno l'interesse per gli hamburger.

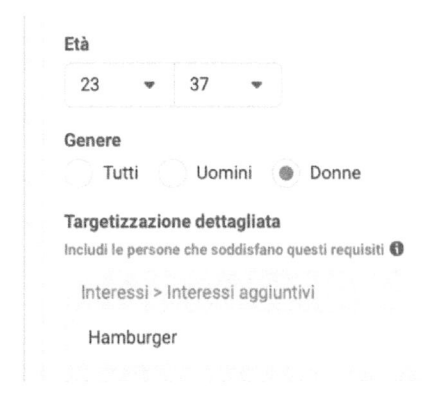

Il Business Manager ti dirà immediatamente quante persone potresti raggiungere: già, potenzialmente 50mila persone.

Definizione del pubblico

Specifi... Ampio

Il tuo pubblico è definito.

Copertura potenziale: 50.000 persone ⓘ

E puoi decidere tu stesso quanti soldi investire per far apparire il tuo annuncio a questo pubblico di persone: puoi investire 50€, 100€, 500€, mille, duemila, diecimila euro.

Piccolo appunto doveroso: più passano gli anni, più aumentano le cifre necessarie per ottenere dei bei risultati. Per un semplice motivo: anno dopo anno, il numero di aziende che fa pubblicità sui social aumenta sempre più.

La buona notizia è che, per quanto riguarda il settore ristorazione, ci sono davvero pochi tuoi concorrenti che sono davvero in grado di sfruttare al meglio questo strumento.

E anche le agenzie con dei professionisti veri, in grado di portare risultati concreti grazie ai social, sono davvero poche.

Facciamo un altro esempio pratico: sei un ristorante, o un pub, con il maxischermo in sala che trasmette le partite di calcio.

Tra poche settimane c'è il derby di Milano: Milan - Inter. Ovviamente il tuo obiettivo è fare il tutto esaurito.

Un'idea semplice che puoi mettere in pratica è questa: crea un'offerta accattivante (può essere il 2x1 sulla birra alla spina, o una promozione speciale sulla prima consumazione) e seleziona:

- Come zona, un raggio di 10/15 km dal tuo locale
- Come pubblico, gli uomini dai 20 ai quarant'anni
- Come interesse: il calcio, il Milan, l'Inter

Dieci giorni prima della data della partita, inizi a far girare il tuo annuncio su Facebook e su Instagram, avendo la certezza di raggiungere il tuo pubblico ideale.

Ora, non vogliamo assolutamente iper semplificare questo processo: utilizzare in modo efficace il *Business Manager* non è una competenza che impari in due giorni.

Ma sei d'accordo che il potenziale è incredibile? Per la prima volta nella storia, abbiamo la possibilità di scegliere a chi far arrivare la nostra offerta e possiamo decidere liberamente quanti soldi investirci.

Tra l'altro, parlando di pubblico... Una cosa fondamentale è individuare con precisione il tuo pubblico ideale, in modo molto accurato.

Questa è una cosa che fanno in pochissimi, ma fa veramente la differenza. Quindi, stabilisci:

- Chi è il tuo cliente ideale
- Quanti anni ha
- Dove vive
- Che lavoro fa

- Quanti soldi guadagna
- Che ambienti frequenta

E domandati:

- È single o è fidanzato?
- Ha figli?
- Quali sono le sue passioni?
- Quali sono le sue paure?
- Quali sono i suoi interessi?

Selezionare attentamente il pubblico a cui vuoi rivolgerti può essere un modo perfetto per posizionare (o riposizionare) il tuo locale nella mente delle persone.

Ad esempio: puoi selezionare come tuo pubblico target la coppia di adulti che vuole passare una serata romantica insieme. E, se vogliamo fare le cose a regola d'arte, posizionarti come primo e unico ristorante della tua zona in cui è vietato l'ingresso ai bambini.

Sì, è una mossa estrema che sicuramente può attirare diversi contestatori: persone che te ne diranno di tutti di colori, dandoti quasi del razzista.

Ma ricordati: per ogni persona che ti va contro, ce ne sono delle altre che invece saranno attratte da te. Che saranno tuoi clienti e tuoi fan.

Se ti posizioni come il ristorante con l'ingresso vietato ai bambini, attirerai tutte quelle coppie che hanno voglia di vivere una serata intima, senza essere disturbati dagli schiamazzi tipici dei bambini.

All'estremo opposto invece, ti puoi posizionare come il ristorante perfetto per la famiglia, in cui accoglierai con entusiasmo le coppie con i bimbi piccoli, creando magari un'area giochi per loro, con il servizio Babysitter.

Questi sono tutti spunti pratici che vogliamo darti, per contestualizzare e rendere concreto tutto quello che ci siamo detti fino a questo momento: mi raccomando, non sottovalutare tutte le informazioni di cui ti abbiamo parlato, perché sono un'arma davvero potente.

Prima di andare in conclusione, ci teniamo anche a metterti in guardia su alcune piattaforme, su cui il tuo ristorante non deve assolutamente esserci.

Queste piattaforme non sono tecnicamente dei social network, ma vogliamo evitare che tu finisca nel brutto tunnel del: "Ok, devo essere online: allora mi butto ovunque".

Non è necessario e non è nemmeno una strategia sensata.

Quindi, quali sono le piattaforme su cui NON devi essere presente?

Tutti quei siti e quelle applicazioni di sconti, coupon e offerte scannate.

Non facciamo nomi, ma siamo sicuri che hai capito di cosa stiamo parlando. Nella ristorazione, c'è un'app in particolare che la fa da padrona. E che fa anche gola ad alcuni ristoratori.

Ma è un suicidio!

Il ragionamento che tanti ristoratori fanno, è una cosa di questo tipo: *"Dai va bene, mi butto su questa piattaforma, così sono visibile, attiro nuovi clienti che poi magari torneranno da me. Quello che conta è farsi conoscere, in fin dei conti...".*

E invece no! È un'idiozia totale, per tre motivi.

Il primo motivo è legato ai margini. Su queste piattaforme devi fare forti sconti: è la gara a chi cala di più le braghe. Quindi, tutto il tuo margine viene bruciato.

E qui, molto spesso, scatta il lampo di genio: "*Sì, mi brucio il margine, ma acquisisco un nuovo cliente. Io sono furbo!*".

No, non sei furbo. E qui ci colleghiamo al secondo motivo: tu sei convinto di fidelizzare il cliente. E in effetti lo stai fidelizzando. Ma non al tuo ristorante: lo stai fidelizzando alla piattaforma su cui ti ha trovato!

Quindi, tornerà da te la prossima volta in cui ci sarà un'offerta a forte sconto, su cui non hai margine e su cui non guadagnerai mai. In pratica, quel cliente sta togliendo un tavolo ad altri potenziali clienti e ti sta facendo lavorare in perdita. È una follia, sei d'accordo?

"Ma ragazzi, il mio amico Peppiniello ha dei clienti che hanno conosciuto il suo locale da una di queste app, e da quel giorno vanno da lui tutte le settimane...".

Ma certo, può succedere! Ma questa non è la normalità: è un'eccezione in mezzo a mille casi. Tu affideresti a un'eccezione il futuro della tua impresa?

Il terzo motivo per cui queste piattaforme sono dei suicidi, è legato ai motori di ricerca.

Cerchiamo di essere più semplici possibile, con un esempio: tu sei il "Ristorante Burro e Salvia" di Sesto San Giovanni e un cliente ha deciso che vuole venire a mangiare da te.

Facciamo che ti ha conosciuto tramite passaparola.

Quindi, quel cliente apre Google per cercare il numero di telefono, per prenotare.

Su Google cerca "Ristorante Burro e Salvia" e... Il primo risultato che gli appare è l'offerta scontata del tuo ristorante su una di queste piattaforme (che sono molto abili nel posizionarsi su Google e apparire prima di te nelle ricerche).

Quindi, ricapitolando: quel cliente aveva deciso di venire a cena da te e ha cercato il tuo ristorante su Google. Tu però hai avuto la malsana idea di iscriverti a una di queste piattaforme.

Il cliente, che non è stupido, prenoterà quindi da te con il mega sconto che ha trovato. Ed è un cliente che, maledizione, voleva venire da te a prescindere da quello sconto.

Il cliente arriva, tu lavori in perdita e hai bruciato totalmente il tuo margine. E quel cliente ha occupato un tavolo a cui poteva sedersi un cliente su cui saresti andato in profitto.

Ma attenzione: il film horror non è ancora finito.

Quando ha prenotato, quel cliente ha lasciato la sua mail su quella piattaforma e ha dato l'ok per ricevere offerte e comunicazioni.

Quindi... Da quel giorno in poi riceverà tutta una serie di offerte a prezzo scannato da parte di tuoi concorrenti, che magari lui non avrebbe mai conosciuto nella sua vita.

E tutto questo, a causa della tua folle scelta di iscrivere il tuo ristorante su quell'app.

Quindi mi raccomando: se non sei su queste piattaforme, va benissimo e rimanici alla larga.

Se ti sei iscritto in passato e sei ancora presente, non farne un dramma: semplicemente non conoscevi questi retroscena.

Ora che ne sei consapevole, agisci di conseguenza e dai disdetta immediatamente.

E inizia ad approcciarti a quelle piattaforme tramite cui costruire e mettere in risalto la tua immagine: su tutte, Instagram e Facebook. Senza dimenticarti delle "Piattaforme di recensione": su tutte, TripAdvisor e GoogleMyBusiness.

Non puoi perdere altro tempo sotto questo punto di vista: prendi la decisione di metterci la testa e iniziare ad aggiungere i social alle cartucce della tua pistola.

E, una volta che hai deciso di farlo, ricordati di non farti abbindolare da:

- Presunti esperti di marketing
- Laureati in marketing
- "Social Media Manager" improvvisati
- Agenzie pubblicitarie, agenzie di marketing e agenzie di comunicazione
- Fotografi

Se hai capito l'importanza di tutto questo mondo e vuoi ricevere le linee guida per fare i primi passi, vogliamo darti la possibilità di entrare in contatto diretto con noi.

In questo modo, ti aiuteremo a capire le azioni che puoi fare per ottenere risultati e capiremo se c'è la possibilità di lavorare insieme in questa direzione.

E ricordati: parleremo da imprenditore a imprenditore.

Da ristoratore a ristoratore.

Non da *presunto-esperto-di-marketing-che-non-ha-mai-avuto-un'attività-da-gestire* a imprenditore/ristoratore.

Abbiamo pensato ad un bonus esclusivo per te, che sei arrivato esattamente a metà di questo libro: un'ora di videochiamata con noi, durante la quale potrai bombardarci a ruota libera con tutte le domande che ti sono venute in mente.

Il nostro ruolo sarà quello di indirizzarti sui binari vincenti, sulla base di tutto quello che avrai imparato in questo libro.

Come puoi prenotare questa ora di consulenza gratuita?

È molto semplice: se stai leggendo il libro in formato eBook, clicca direttamente su questo link:

http://bit.ly/bonusristomarketing

Se invece stai leggendo la versione cartacea, trascrivi il link su Google Chrome, su Safari o su quello che utilizzi di solito per navigare su Internet:

http://bit.ly/bonusristomarketing

Se ti trovi più comodo, nell'ultima pagina di questo capitolo troverai un QR Code: inquadralo con la fotocamera dal tuo iPhone (se invece hai Android, scarica l'app *QR Scanner* e inquadralo da lì) per essere indirizzato sulla pagina per prenotare.

Piccola precisazione che ci teniamo a fare, per non essere fraintesi: siamo imprenditori come te, non squali o opportunisti alla ricerca di gloria e soldi facili.

Abbiamo sempre messo la faccia in tutte le nostre attività, avendo come primo scopo il costruire relazioni sane e durature con le persone che ci danno fiducia. Questa ora di consulenza che ti stiamo regalando, non è un gancio per cercare di "piazzarti" uno dei nostri servizi. E ci teniamo a dire apertamente che, durante la videochiamata, non assisterai a ridicole televendite o cose del genere.

Per il resto… Ci vediamo al quarto capitolo, in cui parleremo dell'oro del ventunesimo secolo. A tra poco!

Scannerizza questo QR Code con il tuo smartphone:

I tre pilastri del capitolo 3:

1. Non conta essere il primo nel mercato "reale". Se tu non arrivi per primo nel mercato "reale", ma sei bravo a comunicarlo in modo più efficace e ad entrare per primo nella mente del cliente, sarai automaticamente percepito come il primo

2. A te non interessa crescere sui social o gestire bene la pagina Instagram del tuo locale: quello che fa la differenza è utilizzare i social come strumento

3. Grazie a Facebook e Instagram, oggi hai la possibilità di selezionare tu stesso, con estrema precisione, il pubblico che vuoi raggiungere. E puoi attirarlo con delle offerte che compariranno solo a loro

Capitolo 4:
L'oro del ventunesimo secolo

"Eppur si muove!"
Michele Rinaldi,
semi-citazione tratta
da una storia vera

Questo capitolo sarà l'unico non scritto a sei mani: per l'argomento che affronteremo, è davvero importante parlare da ristoratore a ristoratore, in senso stretto.

Qui Matteo: nelle prossime pagine ti racconterò, in tutti i dettagli, di come sono arrivato a scoprire l'oro del 21esimo secolo.

E perché questa cosa ha migliorato il presente e il futuro del Ristorante L'Ancora.

Sabato 22 ottobre 2016, ore 22.

Avevamo da poco coperto il buco finanziario derivato da un disastroso errore nella modalità di assunzione dei dipendenti. Che ci ha portato, come ovvia conseguenza, a decidere di cambiare il commercialista.

Col senno di poi, ci siamo resi conto che, in parte, è stato un errore nostro: sì, il commercialista deve essere nostro alleato e bisogna sceglierlo con cura.

Ma noi imprenditori siamo i primi responsabili della corretta gestione contabile e fiscale della nostra azienda. E dobbiamo conoscere i concetti di base della materia, per capire se il commercialista è con noi per aiutarci ad aumentare i profitti, o se è con noi giusto per mandarci gli F24 da pagare.

Se non hai sotto controllo al 100% i flussi di cassa della tua attività e le strategie fiscali, rischi di lasciare sul piatto migliaia di euro di profitti netti, tutti gli anni. Ma di questo arriveremo a parlare nel capitolo 6.

Dicevamo: sabato 22 ottobre 2016. Sono le 10 di sera e siamo, guarda a caso, al Ristorante L'Ancora.

Samuele e Luca sono al tavolo, insieme ad altri amici, a godersi una bella cena fuori.

Io ovviamente sono sul campo di battaglia, vigile e attento per avere tutta la sala sotto controllo. Serata di pienone, si lavora alla grande.

A un certo punto, mi vibra il telefono. Giusto il tempo di vedere la notifica che è arrivata e... Mi brillano gli occhi. Mi avvicino subito al tavolo dei miei due futuri soci, con un sorrisetto beffardo.

Samuele e Luca si guardano, probabilmente pensando: *"Boh, gli avrà scritto una bella ragazza..."*.

Ore 23 45. Il ristorante è ormai quasi vuoto: mancano solo gli ultimi tavoli per concludere quella che è stata una serata molto produttiva.

Samuele e Luca stanno ancora aspettando le mie spiegazioni...

Fatti gli ultimi conti e chiusa la cassa, eccomi pronto a raccontare che cosa è successo: la mia euforia è la stessa di

Doc, nel film *Ritorno al Futuro*, quando riesce a rimandare Marty nel 1985.

"*Ha funzionatooooooo!!!*"

Avresti dovuto vedere le facce di Samuele e Luca in quel momento.

Finalmente, ecco svelato il motivo di tutta quella carica di energia: la notifica ricevuta due ore prima, era una mail.

Per la precisione, la risposta di un cliente ad una mail inviata quello stesso giorno, nel pomeriggio.

Un'operazione molto semplice: una singola mail, scritta seguendo le regole del Copywriting (ovvero la scienza di scrivere per vendere), inviata a più di 1000 persone.

L'obiettivo di quella mail era vendere una particolare offerta a questi mille clienti del ristorante.

E attenzione: ciò non significa inviare la stessa mail, facendo copia e incolla per mille volte. Sarebbe una noia mortale, non credi?

Significa utilizzare uno strumento che, in un colpo solo, manda la stessa mail a centinaia o migliaia di persona diverse.

E tutte le mail sono personalizzate: ovvero, se tu ti chiami Aldo, nella mail leggerai *"Ciao Aldo"*.

Se ti chiami Silvana, nella mail che riceverai ci sarà scritto *"Ciao Silvana"*.

Dunque, caro amico che sta leggendo questo quarto capitolo: benvenuto nel mondo dell'*E-mail Marketing*!

No no, non vogliamo iniziare con un pippotto pieno di inglesismi e termici tecnici che neanche un ingegnere nucleare capirebbe.

Facciamo un ragionamento insieme, senza girarci intorno: oggi lavorare nella ristorazione è sempre più complicato.

Se hai un ristorante o un locale, hai imparato a tue spese che i clienti sono sempre più esigenti (a volte strani) e basta una virgola per perderli.

E come se non bastasse, ci sono nuovi concorrenti che spuntano fuori come funghi.

Spesso, per i clienti non è semplice decidere se venire da te o scegliere un altro ristorante o locale, sei d'accordo?

Per non parlare di quando vedi dei nuovi clienti che passano una serata da te, li tratti bene, offri loro un amaro e passi anche qualche momento piacevole a parlare del più e del meno.

Vista la simpatia che si è creata, fai un sorriso smagliante e uno sconticino alla cassa, sicuro del fatto che li rivedrai molto presto.

E poi... Va a finire che quella è stata la prima e unica volta che li hai visti! Pazzesco, vero?

Ti è mai capitato?

Dopo oltre 10 anni che sono parte attiva del ristorante di famiglia, non posso nasconderti che mi è capitato più di una volta.

Dopo qualche tempo, ripensavo alla scena ed era un coltello che mi colpiva duro nello stomaco.

Tratti benissimo il cliente, lo coccoli, togli dieci minuti del tuo tempo alla sala e alla cucina per scambiare due chiacchiere, gli offri il limoncello (e magari anche il caffè) e, quando arrivi a battere lo scontrino, gli sconti anche quei 10€ per fargli avere l'effetto WOW.

E quello che succede è bizzarro!

Non c'è l'effetto WOW?

Al contrario! Certo che c'è: il cliente è piacevolmente colpito e, quando ti stringe la mano per salutarti, è con sincerità che dice: "*Grazie mille, ci rivediamo presto di sicuro*".

D'altronde, noi che lavoriamo nel campo, distinguiamo al volo un cliente che è sincero da un cliente che te la sta raccontando.

E quei clienti non te la stavano raccontando: è con estrema sincerità che ti hanno detto che sarebbero tornati molto presto.

Ma poi succede che non li hai più rivisti. La domanda che io stesso, da ristoratore, mi sono fatto, è stata: *"Ma cos'è successo, nel frattempo, che gli ha fatto cambiare idea?"*.

Dimmi la verità: è la stessa domanda che ti fai tu quando succede questa cosa? Io davvero non mi davo pace: da non dormirci la notte!

Era un tormento, era un'ossessione, era un tarlo che non mi toglievo dalla testa. E, oltre a questo, c'era anche un altro aspetto: non potevo farci nulla.

Ecco, questa era la cosa che più mi dava rabbia. Non potevo effettivamente farci nulla. Non avevo idea di chi fosse quel cliente e, di conseguenza, non avrei mai potuto "recuperarlo".

Nel frattempo, questa scena si ripeteva. Più e più volte. E aumentavano le mie notti passate a pensare come risolvere questo problema… Non mi davo pace.

Dopo qualche mese, durante una notte pensierosa in stile Don Abbondio, sono arrivato a questo ragionamento:

- *"Mmm Matteo, fermati un attimo: quei clienti non sono più tornati da te. Ma saranno usciti a cena altre volte, vero?"*

- *"Certo che sì"*

- *"Bene: se sono usciti a cena altre volte, perchè hanno scelto un altro ristorante anziché il mio?"*

- *"Mah, ci può stare. Non puoi pretendere che uno esca a cena sempre nello stesso ristorante"*
- *"Certo, hai ragione... Ma la situazione cambierebbe se io potessi parlare direttamente col cliente, giusto? Esattamente come quando parlo o scrivo un messaggio ad un amico, corretto?"*

- *"Certo che sì, caro il mio Sherlock Holmes. Ma tu non hai i contatti dei tuoi clienti..."*.

Dannazione: i contatti dei clienti!

Quella è stata la svolta: i contatti dei clienti, ma certo!

Ero arrivato alla fine di questa conversazione tra me e me stesso (in stile Dr Jekyll e Mr Hyde) e, di colpo, mi si era accesa la lampadina!

Fino al giorno prima era totalmente impossibile entrare in casa dei clienti per invitarli di nuovo nel mio ristorante.

Fino al giorno prima.

Quella notte ho capito che esiste un modo molto semplice e veloce per comunicare attivamente con i clienti. Dovevo solo fare una cosa: raccogliere i loro contatti. Anche solamente l'indirizzo mail, in modo da poter comunicare con loro mandando una semplice mail.

Ma c'era un grosso problema. Nel frattempo, era giunto un altro dubbio a mettere i bastoni tra le ruote. La mia domanda era: *"Ma la gente legge le mail?"*.

In giro sentivo dire che "*Le mail ormai sono morte*". Anche se le fonti da cui sentivo questa frase non erano esattamente attendibili.

In ogni caso, una bella gatta da pelare. Allora, anziché rimanere nel dubbio, ho dedicato una delle rare giornate di riposo per cercare dati, numeri e statistiche sulle mail.

È stato in questo modo che ho scoperto il mondo dell'*E-mail Marketing*, leggendo alcuni dati impressionanti:

- Secondo un'indagine, il 59% dei consumatori si fa influenzare nelle proprie decisioni d'acquisto dalle mail che riceve
- L'81% delle piccole e medie imprese riesce ad acquisire nuovi clienti grazie alle mail (fonte *Emarsys*)
- L'80% delle piccole e medie imprese fidelizza con successo i clienti grazie alle mail (fonte *Emarsys*)
- Per ogni euro speso in *E-mail Marketing*, il ritorno atteso è tra i 32 e i 44€. Un ritorno sull'investimento che oscilla tra il 3.200% e il 4.400%

- Nel mondo, ci sono 5,6 miliardi di account e-mail attivi (fonte *Insem*)
- Il 99% dei consumatori controlla la mail tutti i giorni (fonte *Insem*)
- Secondo una ricerca di IBM, il 49% degli utenti apre le mail dal telefono
- Al 72% delle persone piace ricevere contenuti promozionali via mail (fonte *MarketingSherpa*)
- L'86% dei consumatori vorrebbe ricevere mail promozionali almeno una volta al mese. E il 15% vorrebbe riceverle tutti i giorni (fonte *Statista*)
- Tre quarti delle aziende che usano la mail come strumento di marketing, dicono che il ritorno sull'investimento sia tra l'eccellente e il buono (fonte *Econsultancy*)

Ne avrei un'altra decina di statistiche interessanti, ma direi che queste sono sufficienti: andiamo avanti nel nostro ragionamento.

Dov'eravamo rimasti?

Ah, giusto! Il dubbio del *"Ma la gente legge le mail?"*.

Ovviamente questi dati e questi numeri me l'hanno risolto totalmente.

Era una perplessità che derivava dal fatto che io, come te, sono un ristoratore: conosco tutto quello che riguarda la sala, la cucina, come accogliere un cliente, in che ordine proporre i vini, come vendere il dolce eccetera eccetera.

Insomma, sono un ristoratore, non sono un esperto di *E-mail Marketing*.

Ma mi sono messo in gioco e ho iniziato a capirne le logiche. Anche perché, davanti a quei dati, avevo due alternative:

1. Fare finta di non averli letti e andare avanti come se niente fosse, continuando a fare sempre le stesse cose
2. Mettermi in gioco per capire come iniziare a comunicare coi clienti tramite mail, per non lasciare sul piatto una marea di soldi

Quindi, c'erano due azioni da fare.

E sono le stesse cose che anche tu hai bisogno di fare, se non vuoi fare finta di niente (come fa la maggior parte dei nostri "colleghi") e se hai davvero a cuore il futuro, ma anche il presente, della tua attività.

La prima cosa da fare è trovare un modo per "acchiappare" le mail dei clienti.

E attenzione, ti prego di non farti prendere dalla stessa sega mentale che aveva assalito anche me. Ovvero la paranoia della privacy. Chiaramente, qualunque sia il metodo che sceglierai per raccogliere le mail, chiederai sempre al cliente se acconsentirà alla ricezione di mail informative.

Direi che di pensieri per la testa ne abbiamo già abbastanza, dico bene? Un pensiero in più riguardo la privacy non sarebbe il benvenuto!

Non mi soffermerò più di tanto sul metodo per acquisire i contatti dei clienti, perché ce ne sono davvero tanti. Io per il mio ristorante ho scelto il metodo della tessera fedeltà: hai presente le tessere fedeltà?

Sì, esattamente. Quelle che ti regalano al supermercato. In Italia abbiamo tantissimi esempi di tessere fedeltà: Conad, Esselunga, Iper, Carrefour, Crai, Sigma, Auchan, Bennet. Solo per citare i più conosciuti.

Ho scelto un programma fedeltà perchè, secondo la Global Survey di Nielsen, l'Italia è il paese numero 1 al mondo nei programmi fedeltà. Il 74% degli italiani è iscritto ad almeno un programma fedeltà (mentre la media mondiale è del 66%).

Il più grande beneficio è proprio acquisire i dati dei clienti, per poter essere in contatto con loro tutti i giorni.

È fondamentale: negli ultimi anni ho capito che un cliente di cui non hai le informazioni di contatto non è un cliente. Non hai la minima idea dei clienti che hai perso per strada solo e soltanto perchè non avevi le loro informazioni di contatto.

Calcola che acquisire un nuovo cliente costa fino a 10 volte di più rispetto a fidelizzarne uno che hai già. Inoltre, se dovesse capitarti di perdere un cliente, beh... Una volta perso, è ancora più difficile convincerlo a tornare.

Ciò nonostante, la maggior parte degli imprenditori trascura (a volta anche molto) tutta la sfera del prendersi cura del cliente dopo che ha fatto il primo acquisto. Come se diventasse cliente per la vita solo per aver fatto un acquisto da te.

La verità è che il cliente è un vero cliente quando ha acquistato per la seconda volta. Una persona che fa un solo acquisto da te, non è un cliente: è un semplice acquirente. Una persona che ha provato ad acquistare da te. Ma poi... Chi lo sa se tornerà da te?

Ed è qui che scende in campo la strategia di acquisire i dati di contatto dei clienti.

Ricordi l'esempio di prima?

Esatto, il cliente con cui ti sei fermato un quarto d'ora a chiacchierare, a cui hai offerto l'amaro a cui hai anche fatto lo sconto in cassa.

Ecco quello che succedeva prima:

▷ *"Grazie, buona serata e arrivederci!"*. Sì, gli hai detto *"Arrivederci"*, ma come fai a sapere se rivedrai quel cliente? Magari tornerà e diventerà il cliente più affezionato. O magari quella sarà stata la prima e unica volta che l'hai visto nella tua vita.

▷ Ecco quello che succede adesso nel mio caso, nel mio ristorante: *"Ecco la nostra tessera fedeltà, per ricevere diversi vantaggi. Mi lasci semplicemente nome, cognome, mail e numero di telefono. Grazie, buona serata e arrivederci!"*.

E qui cambia tutto, te ne rendi conto?

Adesso abbiamo noi la chiave in mano. Adesso siamo noi in controllo. Adesso, se dovesse succedere che quel cliente non torna il giorno dopo, la settimana dopo o il mese dopo, noi abbiamo la possibilità di contattarlo.

Segui il mio ragionamento, fino qui?

Perfetto, perché adesso arriva il bello. Arriva il bello perchè hai gli indirizzi mail di tutti i clienti.

Bingo! Si scrive "Indirizzo mail del tuo cliente", si legge "Miniera d'oro".

Prova ad immaginare: sei un ristorante o un locale e hai una buona base di clienti. Ma non hai le mail di tutti questi clienti. Quindi: teoricamente sono tuoi clienti. Ma in pratica non lo sono.

Facciamo finta che acquisisci le mail di mille clienti. Detto così, mille clienti possono sembrare tanti. Ma facciamo due conti: se raccogli la mail di 6 clienti al giorno, in 6 mesi sei arrivato a mille mail. Se preferisci viaggiare ad un ritmo più blando, 3 al giorno e in un anno avrai mille mail.

Fai molta attenzione: arriverà una circostanza particolare, in cui puoi fare il tutto esaurito nel tuo ristorante: può essere Natale, Pasqua, Ferragosto, San Valentino. E avrai mille persone su cui poter contare.

Facciamo un esempio matematico. Prepari una bella mail con un'offerta, del tipo:

"Solo per te che sei un cliente speciale, per la sera di San Valentino avrai questa proposta di menù a questo prezzo,

con due calici di Franciacorta in omaggio come benvenuto".

Ovviamente, dovrà essere ben essere scritta e ben studiata, ma la sostanza è che questa mail arriverà a mille persone.

Su mille persone, facciamo che 300 la aprono.

Su 300 che la aprono, 150 la leggono.

Su 150 che la leggono, 75 la ignorano perché avevano già programmi e 75 la considerano come opzione.

Su 75 che la considerano come un'opzione, 35 scelgono di venire da te a mangiare a San Valentino.

È San Valentino, quindi saranno 35 persone che escono a cena con il partner.

70 persone in totale. Facciamo uno scontrino di 30€ a persona.

Sono 2100€ di incasso. Ora, non sposta gli equilibri per un locale in salute, ne sono consapevole (anche se la situazione cambia da attività a attività).

Ma, dopo che hai le mail dei tuoi clienti, hai fatto 2100€ inviando una mail. Inviando una semplice mail. La scrivi una volta, premi invio e arriva contemporaneamente a mille persone.

Magari alcuni di quei clienti che hanno prenotato da te a San Valentino grazie a quella mail, erano venuti solo e soltanto una volta. Prima di quell'occasione. Magari 6 mesi o un anno prima, quando hai iniziato il processo di acquisizione mail.

E probabilmente, se ti sarai giocato bene le tue carte, dopo l'esperienza d'acquisto nella sera di San Valentino, saranno più motivati a tornare da te per la prossima cena. E, se non lo saranno abbastanza, puoi sempre inviare loro un'altra mail che li possa stimolare!

E attenzione: i 1000 indirizzi mail non erano un esempio casuale. Ricordi quello che ti ho raccontato all'inizio di questo capitolo?

Esatto: mille indirizzi mail sono il mio esempio con i miei clienti del ristorante L'Ancora. Grazie alle mail, sono riuscito a raggiungere queste mille persone.

Vediamo alcuni esempi.

Partiamo con la mail per San Valentino 2020:

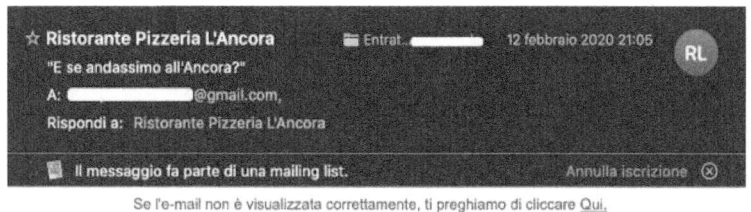

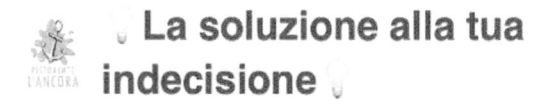

Ed ecco altre due mail che hanno funzionato molto bene, nel mese in cui tipicamente le città si svuotano per le vacanze: agosto.

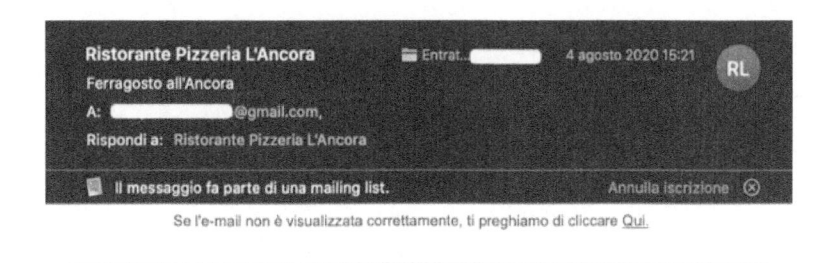

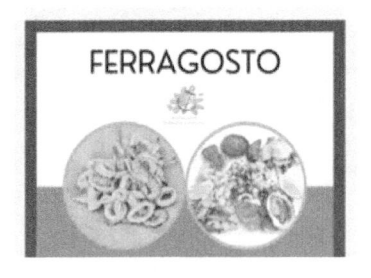

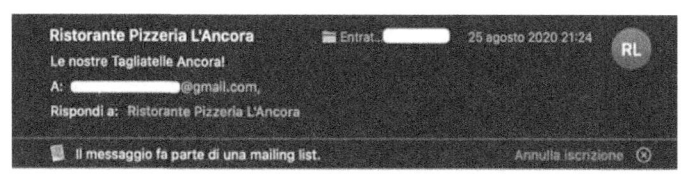

E c'è un altro elemento da non sottovalutare: aver collezionato le mail dei clienti è stato un alleato formidabile durante il periodo più complicato della nostra storia. Ovvero marzo/aprile/maggio 2020. In un momento di incertezza, in un momento in cui la gente non poteva uscire di casa, poter comunicare attivamente con i clienti ha fatto la differenza. E il conto aziendale ha ringraziato.

Ecco quello che ho potuto fare grazie all'*E-mail Marketing*:

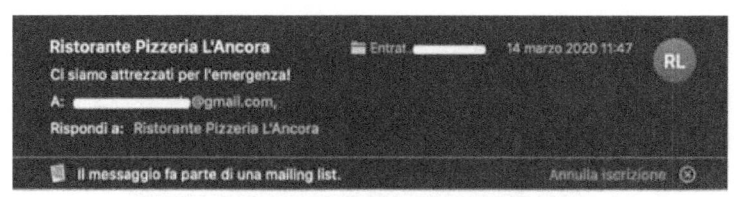

Grazie a questa mail, ho aumentato del 40% i servizi a domicilio, che ci hanno aiutato a rimanere a galla durante quel periodo grigio.

Qui sotto invece, puoi vedere le mail che ho preparato per altre due festività: Pasqua e il 25 aprile.

Ristorante Pizzeria L'Ancora — Entrat... — 6 aprile 2020 16:43 — RL
Il nostro modo per passare la Pasqua insieme!
A: ████@gmail.com
Rispondi a: Ristorante Pizzeria L'Ancora

Il messaggio fa parte di una mailing list. — Annulla iscrizione

Se l'e-mail non è visualizzata correttamente, ti preghiamo di cliccare Qui.

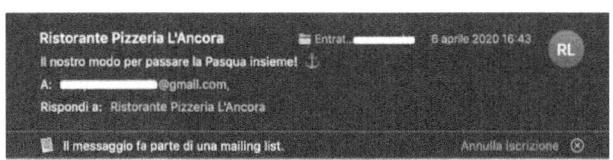

Ristorante L'Ancora

[..PASQUA & PASQUETTA CI PENSIAMO NOI..]

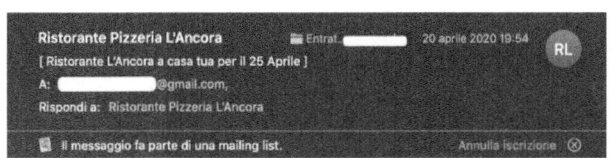

Ristorante Pizzeria L'Ancora — Entrat... — 20 aprile 2020 19:54 — RL
[Ristorante L'Ancora a casa tua per il 25 Aprile]
A: ████@gmail.com,
Rispondi a: Ristorante Pizzeria L'Ancora

Il messaggio fa parte di una mailing list. — Annulla iscrizione

Se l'e-mail non è visualizzata correttamente, ti preghiamo di cliccare Qui.

Ristorante L'Ancora

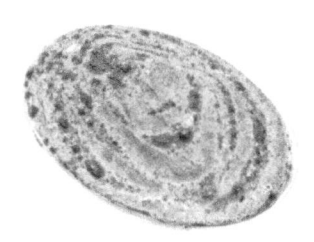

Molto bene… A questo punto, direi che una cosa è chiara: se hai un ristorante o un locale, raccogliere le mail dei tuoi clienti, per poterci comunicare quando vuoi, è indispensabile.

Ti rendi conto di quanti soldi hai lasciato per strada fino ad oggi?

Ma non è colpa tua! Nessuno ci ha mai insegnato queste dinamiche: è un mondo che di solito non ci appartiene.

Ora che ne sei consapevole, hai due strade.

Prima strada: non fare nulla. È comunque una strada. Mi è capitato (e non poche volte, ahimè) di parlare con "colleghi" ristoratori e spiegare loro tutto quello che hai letto finora.

Mostrare non solo i numeri e le statistiche sull'utilizzo delle mail, ma anche i risultati che il mio ristorante ha ottenuto grazie alle mail.

Ma, dopo tutto questo, mi è toccato sentire frasi assurde come:

"Eh ma i miei clienti sono differenti"

"I miei clienti non leggono le mail"

"Nel mio ristorante non funzionerebbe"

"I miei clienti tanto vengono comunque"

E poi la più bella di tutte: l'intramontabile *"Abbiamo sempre fatto così e continueremo a fare così..."*.

Sì, l'ho buttata un po' sul ridere... Ma provo veramente tanto dispiacere per le persone che non riescono ad aprire gli occhi, nemmeno di fronte all'evidenza di dati, numeri e statistiche.

Se invece sei un imprenditore evoluto, che ha capito che il mercato è totalmente cambiato negli ultimi 10 anni e che il cliente ha molti più strumenti per scegliere la concorrenza anziché te, prenderai sicuramente la seconda strada. La seconda strada consiste nel metterti in gioco e fare tre cose:

1. Trovare un metodo per raccogliere gli indirizzi mail dei tuoi clienti

2. Collezionare centinaia di mail (primo obiettivo arrivare a mille)
3. Iniziare a usare le mail come strumento di vendita

In questo, ci tengo a fare una precisazione però: non sarà facile. Il fatto è che nessuno ti ha mai insegnato a scrivere mail "commerciali" (a meno che hai già fatto, per conto tuo, corsi di formazione sul Copywriting).

Quindi, ho iniziato a investire alcune notti per imparare davvero a scrivere della mail efficaci. E, come ti dicevo, non è stato facile. Perché nel frattempo non potevo togliere focus ed energie al ristorante.

Sono state settimane piuttosto controverse: mio padre si accorgeva che c'erano dei giorni in cui ero visibilmente stanco, a causa delle lunghe nottate di studio.

E non ti nascondo che ci siamo scontrati diverse volte... La sua visione era: *"È assurdo perdere ore preziose di sonno e arrivare stanco al ristorante, per studiare delle diavolerie su come scrivere le mail!"*.

Non avevo scelta: andare avanti per quella strada, fiducioso del fatto che, molto presto, avrei avuto dei risultati concreti da mostrare.

E così è stato: quella sera, il 22 ottobre 2016, è stata una magnifica prima volta. La prima mail inviata che ha prodotto i primi risultati, in termini di cliente che hanno prenotato un tavolo proprio grazie a quella comunicazione.

Il giorno dopo ho aperto il computer davanti a mio papà, per mostrargli le statistiche: su mille mail inviate, quante persone l'hanno aperta e, di queste persone, quante hanno prenotato.

"*Eppur, si muove!*": esatto. Dallo scetticismo, siamo passati alla prova concreta che tutto questo non era una follia. Anzi, è una bomba atomica.

Molto bene! Detto questo, voglio darti più praticità possibile: ti parlerò di quattro diversi metodi che puoi usare per acquisire i contatti dei clienti.

Il primo che mi sento di suggerirti, è quello che ho utilizzato io stesso: la tessera fedeltà. L'indirizzo mail è il requisito necessario per ricevere una tessera fedeltà.

Dunque, lo scambio è questo: io ristoratore ti do una tessera gratuita per ricevere vantaggi e offerte speciali. Tu cliente mi dai in cambio i tuoi dati di contatto (meglio se anche il numero di telefono, oltre alla mail).

Il secondo metodo, che ho integrato nel ristorante dal 2019, funziona attraverso le storie su Instagram.

Su Instagram, un utente può condividere contenuti in 4 formati diversi:

- Foto
- Video
- Reels (video verticali)
- Storie (video verticali che spariscono dopo 24 ore)

Le storie sono il mezzo di comunicazione più immediato, che ti consentono di condividere con i clienti che ti seguono il tuo lato più umano.

Il modo più intelligente per usare le storie su Instagram, è viverle come il modo per raccontare il dietro le quinte e la quotidianità del tuo locale.

Nel momento in cui crei una vetrina accattivante su Instagram, succede una cosa interessante: i clienti che vengono a mangiare da te, inizieranno a condividere delle storie su Instagram, in cui mostrano al proprio pubblico l'esperienza che stanno vivendo nel tuo locale.

Nella maggior parte dei casi, questi clienti "menzioneranno" il tuo locale all'interno delle proprie storie. C'è proprio un bottone che svolge questa funzione, come puoi vedere da questo screen:

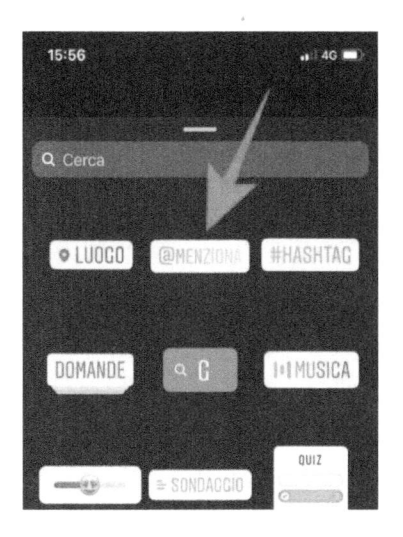

La strategia che ho deciso di mettere in gioco è questa: quando un cliente menziona il Ristorante L'Ancora, colgo l'occasione per scrivergli un messaggio, direttamente su Instagram. Quello che succede è esattamente quello che vedi nelle prossime immagini:

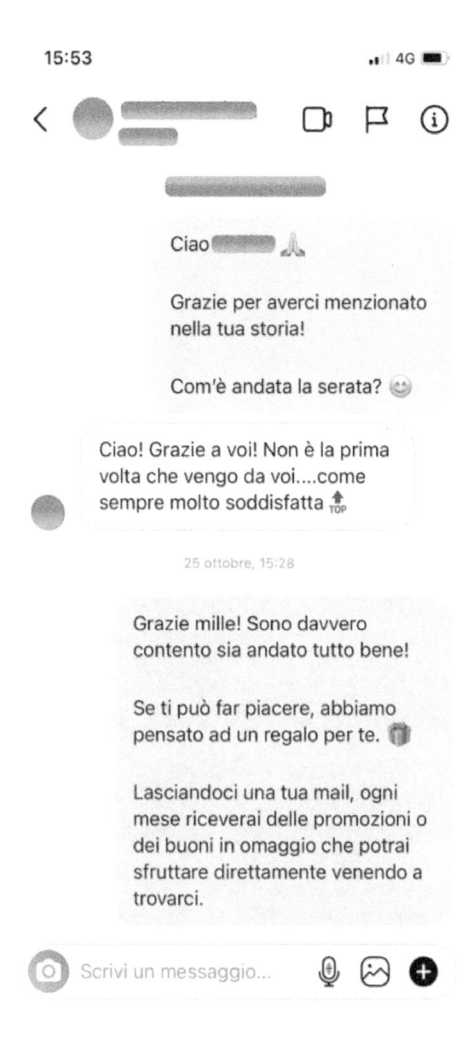

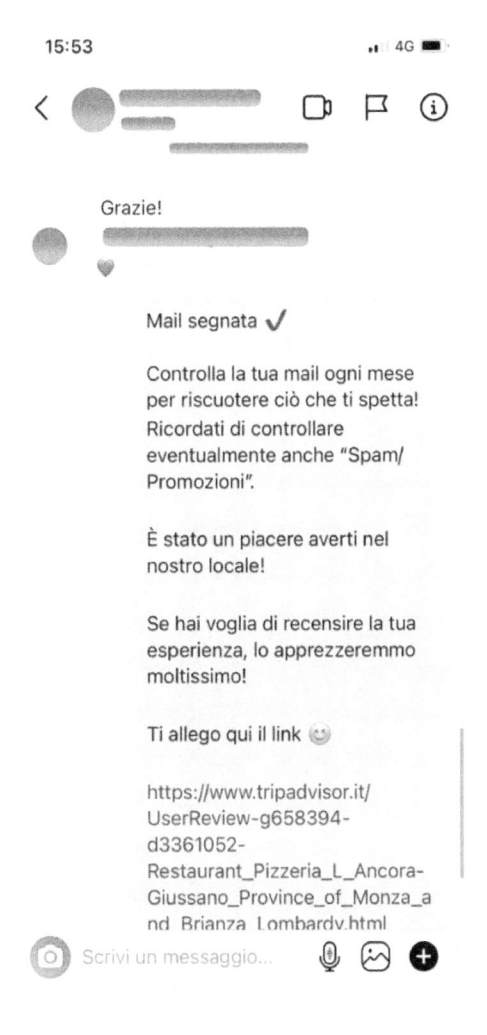

Grazie ad un semplice messaggio di questo tipo, puoi acquisire indirizzi mail preziosi.

Il terzo metodo per raccogliere le mail dei clienti è attraverso un "Regalo Tattico".

L'idea è questa: su ogni tavolo lascia una sorta di lettera di carta, in formato A5, con l'immagine di un bicchiere di limoncello, un QR Code e una scritta che invita il cliente a scannerizzare quel QR Code per ricevere l'amaro in omaggio.

Che cos'è un QR Code?

La iper semplifico: è un codice a barre quadrato, su sfondo bianco, formato da quadratini neri. Con la fotocamera dello smartphone, il tuo cliente può scannerizzare il QR Code, ed essere indirizzato su un sito internet che decidi tu.

La cosa più furba è indirizzarlo su una pagina web, che può tranquillamente essere una sezione del tuo sito (se non hai un sito, o hai un sito dell'età della pietra, rimedia il prima possibile: nel 2021 è inconcepibile non avere un sito decente).

All'interno di questa sezione, il cliente leggerà un invito di questo tipo:

"Compila qui con il tuo nome e il tuo indirizzo mail: potrai richiedere subito il tuo amaro in omaggio".

E il gioco è fatto: al prezzo di qualche centesimo (ovvero il prezzo di costo dell'amaro) hai ottenuto qualcosa che può valere, nel tempo, migliaia di euro: il dato di contatto del tuo cliente.

Il quarto e ultimo metodo per acchiappare gli indirizzi mail dei tuoi clienti, è il Wi-Fi.

Già, probabilmente è capitato anche a te, in alcuni locali o nei centri commerciali: c'è il Wi-Fi gratuito e, per connetterti, ti basta lasciare la tua mail.

Puoi fare la stessa cosa all'interno del tuo ristorante: tu dai il Wi-Fi gratuito al tuo cliente, e il tuo cliente in cambio ti dà il suo indirizzo mail.
Capisci anche qui quanto è vincente la formula?

Un piccolo regalo da parte tua corrisponde a oro colato in arrivo dal tuo cliente.

Anche perché, piccola chicca che voglio darti: far connettere il tuo cliente al tuo Wi-Fi nel modo classico (ovvero dandogli la password) è un rischio che è meglio non correre.

Il motivo è molto semplice: noi siamo sempre in buona fede e non pensiamo male, assolutamente.

Ma chi ti garantisce che quel cliente non usi il tuo Wi-Fi per fare qualche cosa un po' "birichina"?

Sappi che, nel caso succeda, il responsabile sei tu. Se invece il cliente si connette inserendo la propria mail, la responsabilità di eventuali danni che combina è al 100% sua.

Direi un ulteriore ottimo motivo per inserire la strategia del Wi-Fi all'interno del tuo locale.

Perfetto, direi che con l'argomento *E-mail Marketing* siamo andati abbastanza in profondità: non si tratta di una bacchetta magica che fa decollare il tuo locale dalla sera alla mattina.

Ma abbiamo riscontrato, sia al Ristorante L'Ancora che con i clienti di Ristomarketing con cui lavoriamo, che è un elemento davvero importante che porta sempre migliaia di euro di incassi in più.

Scegli tu quale dei quattro metodi utilizzare. Si possono applicare tutti contemporaneamente, senza intoppi e senza problemi.

Ma ti suggeriamo di andare per gradi: scegli il primo con cui iniziare, prendici la mano e testalo fino a quando avrai totale confidenza e diventerà qualcosa di automatico. Dopodiché, implementa il secondo, poi il terzo e infine il quarto.

Se dovessi avere dubbi e ci fosse qualche passaggio che ti blocca, ricordati che puoi contare sul nostro supporto: Ristomarketing è pronto a essere un fedele alleato anche per te, se hai voglia di metterti in gioco per ottenere qualcosa in più dalla tua attività.

Un qualcosa in più che fa la differenza, alla fine del mese e alla fine dell'anno.

Se non ti senti pronto, sia da un punto di vista strategico che da un punto di vista tecnico, affidati a Ristomarketing.

Il link per entrare in contatto con noi e prenotare la tua ora di consulenza in regalo è sempre valido ed è sempre questo:

http://bit.ly/bonusristomarketing

Noi ci vediamo in cima al capitolo 5, in cui parleremo di sistemi e procedure.

I tre pilastri del capitolo 4:

1. Un cliente di cui non hai i dati di contatto, non è un cliente

2. Se hai un ristorante o un locale, è indispensabile raccogliere le mail dei clienti. Se fino ad oggi non l'hai mai fatto, hai perso per strada migliaia di euro di incassi, senza nemmeno accorgertene

3. Ci sono 4 metodi per raccogliere le mail dei clienti. Vai per gradi: scegli il primo con cui iniziare, prendici la mano e testalo fino a quando avrai totale confidenza. Una volta diventato qualcosa di automatico, implementa il secondo, poi il terzo e poi il quarto

Capitolo 5:
Come trasformare il tuo ristorante in un'impresa

*"Il lavoro di squadra è la capacità
di lavorare insieme per una visione comune.
La capacità di dirigere il lavoro individuale
verso gli obiettivi dell'intera organizzazione.
È il carburante che consente a persone
comuni di ottenere risultati non comuni"*
Andrew Carnegie

Siamo arrivati alla penultima fermata del nostro viaggio.

Nelle prime quattro fermate ti abbiamo parlato di tanti diversi concetti e diverse strategie che puoi applicare in autonomia, fin da subito.

Nel caso ti sembrino tantissime cose tutte insieme, non ti preoccupare: è perfettamente normale.

Se ti senti spaventato o ti passa per la testa il pensiero del "*Mamma mia, ma quanta roba c'è da fare? Non ci riuscirò mai...*", fidati che non è un problema.

Indovina un po' perché?

Perché anche noi tre siamo passati attraverso questa fase, piuttosto confusionale. Quella fase in cui hai mille robe che ti passano per la testa, ma non riesci a far mente locale.

Il messaggio che vogliamo passarti è semplice: niente panico! È normale. Anzi, è solamente un buon segno: vuol dire che non fai parte di quel 90% di imprenditori che cerca di tirare avanti, sperando solo che la gente non smetta di arrivare.

Fai parte di quel 10% che ha ancora quel fuoco acceso, che vuole essere padrone del proprio futuro e utilizzare i nuovi strumenti che ci sono oggi sul mercato.

Quindi: complimenti!

In questo capitolo parleremo del lato più imprenditoriale e gestionale, partendo da una base: se vuoi davvero prosperare in questo periodo storico, hai bisogno di evolverti sotto due punti di vista:

- Passare da essere un ristoratore a essere un imprenditore
- Trasformare il tuo locale in un'impresa rodata, con un sistema di lavoro che funzioni in modo "equilibrato"

In questo capitolo ti parleremo di quattro pilastri per raggiungere questo obiettivo: i primi tre coinvolgono tutto il tuo locale, il quarto riguarda te personalmente.

Andiamo con ordine: la primissima cosa da fare è creare delle procedure precise e chiare.

Purtroppo, nella maggior parte delle microimprese italiane non esistono delle procedure chiare e precise, di cui tutti i dipendenti e tutti i collaboratori sono consapevoli.

Avere delle procedure precise ha una duplice importanza:

- Per te, per sapere sempre cosa succede nel tuo locale (e come tutte le attività vengono svolte)

- Per i tuoi dipendenti e collaboratori: le procedure sono delle linee guida grazie a cui saranno in grado di sapere sempre come comportarsi, in ogni circostanza. Così da ridurre al minimo gli errori e fare sempre bella figura agli occhi dei clienti

Facciamo alcuni esempi di procedure nel settore della ristorazione:

- Come preparare un piatto
- Come aprire e chiudere la cassa
- Come accogliere il cliente (la procedura più importante)
- Che strategia utilizzare per prendere le ordinazioni ai tavoli
- Se, quando e come offrire l'amaro alla fine del pranzo o della cena
- In che modo e quando gettare l'immondizia
- Come gestire la cella frigorifera

Una procedura è una linea guida, che mette tutte le persone che fanno parte della tua impresa (anche lo stagista che starà da te per 3 mesi) nella condizione di sapere cosa fare e come farlo, in ogni momento e per tutte le attività da svolgere.

Tutte le attività, anche quelle che sembrano meno importanti, devono essere attentamente "proceduralizzate".

Ed è importante creare le procedure anche per gli imprevisti.

Ad esempio: se sei una pizzeria e finisce l'impasto della pizza alle 9 di un sabato sera di pienone, cosa fai? Come ti comporti?

Sì, siamo d'accordo: un imprevisto del genere non dovrebbe assolutamente accadere. Ma il modo migliore di ragionare è essere sempre pronti, anche per le circostanze più tragiche e sfortunate.

Se sei mentalmente pronto per affrontare dei problemi enormi, nel momento in cui ti arriva da gestire un problema grande, lo fai con una sicurezza e una tranquillità diverse.

Quindi, crea le procedure anche per le situazioni che escono dalla normale routine. Di modo che tutti sappiano perfettamente come comportarsi.

Piccolo bonus che vogliamo darti sulle procedure: scrivile tutte. Dalla A alla Z.

Una volta scritte, incorniciale e mettile in alcuni punti visibili all'interno del locale. Ad esempio: all'ingresso della cucina o alle porte del bagno di servizio.

Ovviamente, non in mezzo alla sala: non vorrai che il tuo cliente, mentre mangia, legga la procedura per gettare l'immondizia... Concordi?

Secondo bonus sulle procedure: stampa una copia per ogni persona che lavora con te: questo aumenterà la consapevolezza di tutto lo Staff.

E, prima di passare al secondo punto, una precisazione importante: sensibilizza le persone alle procedure in modo furbo.

Trasmetti loro che avere tutte le procedure è un vantaggio soprattutto per loro: il rischio è che vedano le procedure come un qualcosa di dittatoriale per controllarli.

La verità è che non è assolutamente così: noi lo sappiamo. Tu lo sai benissimo. La tua bravura sta nel comunicarlo in modo efficace.

Ok, una volta settate le procedure, passiamo al secondo pilastro: valorizzare le risorse.

Oggi più che mai, è impossibile creare un'azienda di successo se sei da solo.
Il lavoro è uno sport di squadra. Il business è uno sport di squadra.

Tutti i dipendenti e tutti i collaboratori devono percepire quel senso di squadra, quel senso di spogliatoio, quell'attaccamento alla maglia.

Insomma, quella cosa lì che li fa svegliare la domenica mattina dicendo: *"Oggi scenderò in campo per dare il meglio di me!"*.

E non *"Che palle, oggi che è domenica non posso divertirmi perché devo andare a lavorare"*.

Il nostro compito come imprenditori è quello di far sentire le persone parte di qualcosa di grande: dal responsabile di sala, allo chef, al cameriere, all'ultimo ragazzo arrivato.

Trasmettere la visione del grande obiettivo a cui si può arrivare solo tutti insieme, e solo col lavoro collettivo.

Da questo punto di vista, c'è una cosa in particolare che puoi fare con il tuo Staff: organizzare delle uscite tutti insieme per fare Team Building.

Qualcosa che stimoli l'amicizia, lo stare insieme, e magari anche un pizzico di sana competizione.

Al Ristorante L'Ancora, una delle attività di svago che amiamo di più è la gara sui Kart.

Sembra una piccola cosa. E in effetti lo è. Ma il risultato in termini di motivazione e di produttività è sorprendente.

Terzo pilastro: inserire nel tuo locale delle strategie di up-sell e cross-sell. Anche in questo caso, siamo stati costretti ad utilizzare delle parole in inglese, perché non esiste una traduzione letterale in italiano.

L'up-sell consiste nel proporre la versione "Premium" di un piatto. Un esempio semplicissimo di up-sell è proporre al cliente la torta col gelato anziché la torta e basta.

Oppure la bottiglia di Valpolicella Ripasso anziché il Valpolicella Superiore.

Un bell'esempio di up-sell arriva da una nota catena di ristoranti di carne, che propone la versione del caffè con 3 mini dolcetti (della dimensione di un piccolo pasticcino). In questo modo, il prezzo di vendita del caffè diventa quasi il quadruplo. Ma il costo della materia prima ovviamente non è il quadruplo.

Questa del caffè coi dolcetti è una strategia che puoi implementare facilmente, subito da oggi.

Ultimo esempio di up-sell: la pizza con una farina speciale a 1€/2€/3€ in più (la farina di Kamut, la farina di 5 cereali, la farina integrale).

Il cross-sell invece consiste nel proporre un prodotto "correlato".

Se ci pensi, un cross-sell che stai già vendendo è il contorno. Quando il cliente ordina la tagliata, il tuo cross-sell è il contorno di patate al forno.

E se le patate al forno fanno già parte del piatto di base, puoi proporre le verdure grigliate come secondo contorno.

Grazie agli up-sell e ai cross-sell, il tuo scontrino medio e la tua marginalità ti saranno eternamente grati, come gli italiani a Fabio Grosso ai Mondiali del 2006.

E sai qual è la cosa sorprendente, in tutto questo?

Che tendenzialmente hai già nel menù tutti gli up-sell e tutti i cross-sell che ti servono. Quello che manca (e qui torniamo al primo punto) è una serie di procedure per spingerli.

Sotto questo punto di vista, ci sarebbe una lunghissima parentesi da aprire, legata ai camerieri.

I camerieri non sono dei camerieri. Sono dei venditori. Una cosa che fa tutta la differenza del mondo, è formare i camerieri dal punto di vista commerciale, per trasformarli in venditori seriali di up-sell e cross-sell.

Col tempo, il tuo scontrino medio può arrivare ad alzarsi anche del 40/50%.

Pensaci un attimo: come ti sveglieresti la mattina se il tuo ristorante facesse il 40/50% in più di incasso?

E lavorando in questo modo, con i camerieri formati e con delle strategie di vendita precise ed efficaci, aumenta di conseguenza anche il margine netto (come sai anche tu, il margine che hai sui prodotti di up-sell e cross-sell è mediamente più alto).

Ultimo pilastro, quello dedicato interamente a te ristoratore. O meglio: a te imprenditore.

La situazione ideale, a cui bisogna puntare ad arrivare, è smettere di lavorare nella nostra azienda. Per iniziare a lavorare sulla nostra azienda.

Questo molto spesso è una totale utopia: magari tu stesso sei anche lo chef del tuo ristorante.

O sei talmente abituato ad essere immerso h24 nel tuo locale, che sei convinto che senza di te non possa funzionare.

Ed è vero! Se ad oggi il tuo locale va in crisi se tu non ci sei, non puoi permetterti di staccarti all'improvviso e smettere di lavorarci dentro.

Soprattutto dopo questo 2020 così ballerino.

La strategia migliore è iniziare pian piano a delegare le attività più ripetitive e di routine. Di modo che tu imprenditore fai solo attività imprenditoriali, e non attività operative.

Lavorare nell'attività significa svolgere attività operative.

Lavorare sull'attività significa svolgere solo le attività imprenditoriali.

Facciamo chiarezza da questo punto di vista. Alcuni esempi di attività operative sono: fare da mangiare, servire ai tavoli, apparecchiare, lavare i piatti, fare i conti in cassa, fare la spesa dal grossista.

Le attività imprenditoriali invece: creare e rinnovare le procedure, studiare le strategie di marketing per l'attività, tenere il rapporto con i fornitori, motivare lo Staff, analizzare il bilancio per capire come aumentare la marginalità e se ci sono dei piatti che puoi far sparire dal menù.

La cosa pazzesca è che la maggior parte degli imprenditori fa tantissime attività operative, e a volte nessuna attività imprenditoriale.

Ma c'è di più: capita spesso che un imprenditore legga alcuni tipi di attività imprenditoriale e sia convinto che non siano suo compito.

Esempio pratico: *"Ma non sono io che devo analizzare il bilancio, lo fa il commercialista!"*.

Qui casca l'asino: è ovvio che non puoi metterti a studiare per essere più competente di un commercialista (anche se in Italia il livello medio è talmente "discutibile", che se ti metti d'impegno diventi più competente di molti commercialisti).

Ma devi avere quelle basi che ti aiutano a capire se il commercialista sta facendo un buon lavoro o sta facendo danni.

Stessa cosa, per quanto riguarda il marketing: puoi affidare all'esterno alcune parti del processo.

Ad esempio: se non hai la competenza tecnica per creare un QR Code e la pagina web in cui il cliente lascia la mail, non è un problema. È un'attività che puoi delegare senza problemi.

Ma devi essere tu in controllo e consapevole di tutte le iniziative di marketing che avvengono all'interno della tua impresa. Questo è fondamentale.

Quindi, lo ribadiamo per l'ennesima volta: quando si presenterà da te la Web Agency, l'agenzia di comunicazione o l'esperto di marketing, dicendoti che tu devi solo pensare a fare bene il tuo lavoro, e al marketing ci pensano loro... Cacciali fuori!

Anche qui: siamo sempre in buona fede.

Ma, come abbiamo visto in precedenza, in Italia le agenzie di marketing che hanno senso sono veramente poche.

La tua priorità è avere quella base di conoscenza, per verificare che i lavori che deleghi siano svolti in modo preciso e corretto.

Per concludere, ti diamo uno schema molto utile (a noi ha cambiato la vita), per dividere le varie attività da fare ed eliminare la maggior parte degli sprechi di tempo e di energie.

Questo schema si chiama *Matrice di Eisenhower* ed è conosciuta anche come *Matrice di importanza e urgenza*.

Eisenhower Matrix
Urgent-Important Matrix

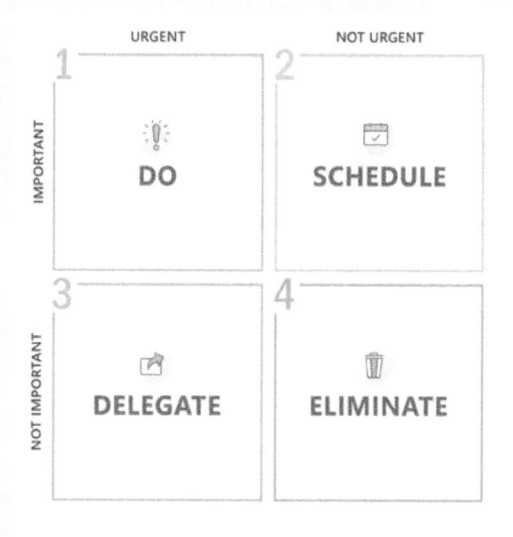

	URGENT	NOT URGENT
IMPORTANT	1. DO	2. SCHEDULE
NOT IMPORTANT	3. DELEGATE	4. ELIMINATE

La *Matrice di Eisenhower* divide le attività e i compiti da svolgere, secondo due criteri: quanto sono importanti e quanto sono urgenti.

Si formano quattro categorie (ovvero i quattro quadranti che vedi nell'immagine):

1. Attività importanti e urgenti. Qui c'è poco da dire: questi sono compiti che vanno fatti subito

2. Attività importanti ma non urgenti. L'ideale è che la maggior parte delle attività importanti, rientrino qui dentro. Poi, siamo tutti esseri umani ed è normale che ci saranno sempre delle cose sia importanti che urgenti. Le attività importanti ma non urgenti vanno pianificate e programmate

3. Attività urgenti ma non importanti. Qui troviamo i problemi più grandi. La maggior parte degli imprenditori vive troppo all'interno di questo quadrante. Ma queste attività sono tutte quante da delegare. Tutte. Quante volte ti sei ritrovato a fare le commissioni o perdere tempo nella burocrazia? Questi sono compiti per cui non c'è bisogno di nessuna competenza e sono anche della attività a basso valore aggiunto: non puoi andare avanti a farle tu

4. Infine, quarto quadrante: attività non importanti e non urgenti. Qui è facile: eliminale dalla tua vita!

L'obiettivo della *Matrice di Eisenhower* è di risparmiare tempo ed energie preziose, per riservare la tua concentrazione per quello che veramente conta e fa la differenza.

Mi raccomando, leggi e rileggi questi quattro punti, perché sono una chiave di lettura unica per mettere il turbo alla tua attività.

Noi ci vediamo al prossimo capitolo, in cui parleremo di controllo di gestione.

I tre pilastri del capitolo 5:

1. Crea delle procedure chiare, precise e definite e fai in modo che tutti i dipendenti e tutti i collaboratori percepiscano quel senso di squadra, quel senso di spogliatoio, quell'attaccamento alla maglia

2. Studia con precisione delle strategie di up-sell e cross-sell, per aumentare lo scontrino medio e la marginalità

3. La situazione ideale a cui puntare è smettere di lavorare NELLA tua azienda, per iniziare a lavorare SULLA tua azienda. Lavorare nell'azienda significa svolgere attività operative. Lavorare sull'azienda significa svolgere solo le attività imprenditoriali

Capitolo 6:
È tutto sotto controllo?

"Anche il capitano del Titanic lo diceva:
'Ma no, ma no, è solo un rumorino! Da niente'"
Giovanni Storti in *Tre uomini e una gamba*

Là fuori, la maggior parte delle persone crede che il marketing sia in qualche modo legato alla creatività.

È anche vero che la maggior parte delle persone è sempre sulla strada sbagliata.

La verità è tutt'altra: il marketing è strettamente legato alla contabilità, al bilancio e ai numeri che produce la tua impresa.

Quindi, semplificando il concetto: puoi creare il posizionamento perfetto per il tuo ristorante, aggredire correttamente il pubblico che hai selezionato, battere il chiodo sul tuo elemento differenziante e avere un'immagine splendida su Instagram ma...

... Se non sistemi bene i conti e non sei davvero in controllo sui flussi di cassa, sulla liquidità che hai a disposizione e su ogni singola voce costo, tutto quello che abbiamo detto finora cade a pezzi.

C'è una frase motivazionale che dice: *"Se hai tutto sotto controllo, significa che non stai andando abbastanza veloce"*

Per quanto capiamo la bontà del significato di questa citazione, da un punto di vista imprenditoriale questa frase significa una sola cosa: suicidarsi.

Deve essere tutto sotto il tuo controllo, senza eccezioni. Ed è importante non fare l'errore di prendere sottogamba il più piccolo dei problemi che si manifesta.

Abbiamo iniziato questo capitolo con una citazione scherzosa (quella di Giovanni in *Tre uomini e una gamba*), proprio per sottolineare questo concetto: tutto deve essere sotto il tuo controllo.

Per questo motivo, in questo capitolo vogliamo mettere l'attenzione sull'aspetto finanziario, fiscale e gestionale.

Ovviamente non abbiamo la presunzione di dirti che affronteremo l'argomento in modo completo.

In 15 pagine è impossibile. E soprattutto: noi abbiamo delle ottime basi, ma non è questo il campo in cui siamo più competenti. Per tutto questo, noi stessi ci affidiamo alla società di consulenza di Danilo, che hai conosciuto nella prefazione di questo libro.

In ogni caso, c'è una situazione strana in Italia: sono tanti gli imprenditori consapevoli che è importante essere in controllo di questi aspetti.

Ma sono davvero pochissimi quelli che ci dedicano il giusto tempo e la giusta attenzione.

La cosa importante da comprendere è questa: parlando del lato finanziario, all'interno della tua azienda ci sono due tipi di azioni che puoi fare:

- Azioni che migliorano la situazione finanziaria, dandoti più liquidità, alzando i margini ed evitando brutte sorprese quando arrivano le "tasse" da pagare
- Azioni che compromettono la situazione finanziaria e ti portano a non dormire la notte

E fin qui... Probabilmente dirai: "*Sì, grazie al piffero!*". E siamo completamente d'accordo. Facciamo un passo avanti, per non lasciare nulla al caso.

Il grosso dei problemi finanziari delle aziende arriva sempre da un cattivo controllo di gestione. Anzi, troppo spesso in un'assenza totale del controllo di gestione.

Ma che cos'è precisamente il controllo di gestione?

Prendiamo la definizione di Wikipedia:

"Il meccanismo operativo volto a guidare la gestione verso il conseguimento degli obiettivi stabiliti in sede di pianificazione operativa rilevando, attraverso la misurazione di appositi indicatori, lo scostamento tra obiettivi pianificati e risultati conseguiti e informando di tali scostamenti gli organi responsabili, affinché possano decidere e attuare le opportune azioni correttive".

Dunque, se il controllo di gestione riguarda i numeri... Tu conosci con precisione i numeri della tua azienda?

Non è assolutamente una domanda banale.

In questi anni, ci è capitato diverse volte di incontrare imprenditori che non avevano per nulla chiari i numeri della propria azienda. Avevano una totale ignoranza, ad esempio:

- Sulla percentuale di incidenza delle voci costo
- Sul margine medio
- Sul costo da sostenere per acquisire nuovi clienti
- Sul *Lifetime Value* medio dei clienti (ovvero, mediamente quanti soldi vale un cliente per la tua azienda, in tutta la sua vita da cliente)

Questi sono solamente quattro esempi. Ma la cosa assurda è che per la maggior parte degli imprenditori è normale non conoscere e non essere consapevole di questi dati.

Prova a pensarci: dai dati e dai numeri derivano le decisioni che prendi in azienda. Stiamo facendo impresa: non possiamo prendere decisioni basate sulle sensazioni e sull'istinto.

Tu sei sicuro che tutte le decisioni che hai preso nella tua storia come imprenditore, le hai prese avendo davanti tutti i numeri e tutti i dati?

Questo fa la differenza tra una decisione consapevole e una decisione presa senza avere tutti i criteri necessari.

Tenendo conto anche di un'altra cosa: ci sono decisioni che sono irreversibili. Che cosa succede se, davanti a un bivio decisivo, sbagli a scegliere perché decidi a sensazione, non avendo davanti i numeri?

Il controllo di gestione ti aiuta in tutto questo, sotto 3 punti di vista.

Innanzitutto, ti consente di pianificare il presente e il futuro della tua attività, per smetterla di navigare a vista e senza la bussola.

Facciamo questo esempio: facciamo finta di essere dei marinai che partono per un viaggio. Partiamo da Genova e vogliamo andare a Barcellona, in nave.

Abbiamo due alternative:

- Studiare il percorso, le condizioni atmosferiche, procurarci da mangiare e da bere per il viaggio. E partire con la bussola e le carte nautiche
- Partire e navigare a occhio, con questo pensiero: "*Sì, ok. Se partiamo da Genova, la via per andare a Barcellona è più o meno quella. Vediamo come va*"

C'è una remota possibilità di arrivare a destinazione seguendo la seconda alternativa?

Certo che c'è! Ma qualunque persona con un po' di sale in zucca, sceglie tutta la vita la prima alternativa, corretto?

Certo che sì. Scegliere la seconda significherebbe lasciare tutto al caso e affidarsi alla fortuna. Follia totale.

Sai qual è il dramma?

Il dramma è che, quando si parla di fare impresa, la maggior parte della gente sceglie la seconda opzione. E non si rende nemmeno conto che sta facendo una follia.

Poi, guarda caso, finiscono a portare i libri in tribunale...

Quindi, tornando a noi. Parlavamo del primo beneficio che ti porta un corretto controllo di gestione: pianificare con precisione il presente e il futuro della tua azienda.

Facciamo due esempi:

- Se non pianifichi, non sei in grado di sapere in anticipo quante e quali sono le "tasse" che dovrai andare a pagare. E non sei consapevole dei soldi sul conto aziendale che non possono essere toccati

- Se non pianifichi, non sei in grado di calcolare se un fornitore ti conviene iniziare a pagarlo alla consegna (magari approfittando di uno sconto in fattura), o se ti conviene continuare a pagarlo a 60 giorni. O se può esserti utile concordare un pagamento a rate, per preservare la cassa. Tutti questi ragionamenti portano a risparmiare sul costo del denaro, grazie ad un flusso di cassa operativo più alto. Tradotto: se sei in grado di aumentare la tua disponibilità media sul conto corrente, hai un maggiore potere contrattuale con i fornitori e puoi ridurre il costo della fornitura. Meno costi significa più margine (dunque più utile).

Questi sono solo due esempi. Quello che conta sapere, è che avere tutto sotto controllo ti fa stare tranquillo anche da un punto di vista mentale.

Prova a ragionare in quest'ottica: come ti sentiresti se sapessi, con mesi e mesi di anticipo, di che importo sarà quell'F24 o, settimana per settimana, a quanto ammonta il saldo dell'iva?

Vivresti molto più sereno, con meno pensieri in testa e con molta più sicurezza. E questo senso di stabilità ha un impatto positivo anche sulla tua quotidianità e sulla tua vita personale.

È ovvio che riesci a vivere in modo più positivo e più entusiasmante il rapporto con il tuo partner o con i tuoi figli, se alle spalle hai una serenità di questo tipo.

L'obiettivo del controllo di gestione è anche ridare all'imprenditore la serenità che si merita. Per non essere perennemente sotto stress e avere la possibilità di staccare il cervello per mezza giornata, senza vivere nell'ansia e nella preoccupazione.

Il secondo punto che ti fa capire l'importanza del controllo di gestione, riguarda il "Fabbisogno".

Se non hai sotto controllo le finanze della tua azienda, e ti rendi conto all'improvviso di aver bisogno di soldi in prestito, ormai è tardi.

Lo sappiamo: è sempre più facile chiedere dei soldi alla banca quando la tua situazione finanziaria è positiva, rispetto a quando sei già con l'acqua alla gola.

Il problema nasce quando arrivi a chiedere soldi alla banca e la tua situazione è di estremo bisogno. Questo ti dà un grosso svantaggio: hai un potere molto basso e sarà la banca a dettare le regole. Quando sei tu ad avere bisogno (specialmente se il bisogno è urgente) sei in una posizione di svantaggio, a volte perfino di sudditanza.

Grazie ad un corretto controllo di gestione, sei in grado di prevedere, con mesi di anticipo, se arriverà il momento in cui sarai a corto di liquidità e avrai bisogno di una mano esterna.

E questo non vale solo per le eventuali crisi di liquidità (come è successo a molti, ad esempio, a marzo/aprile 2020). Ad esempio: se decidi di fare un investimento e vuoi ricorrere al debito come strumento, lo puoi fare tranquillamente.

Infine, il terzo vantaggio che porta il controllo di gestione, è un aumento certo degli utili.

Lo sappiamo tutti: là fuori è pieno di imprese che fanno milioni di euro di fatturato, ma poi gli utili netti sono davvero piccoli piccoli.

Il fatturato dice bugie sullo stato di salute della tua azienda. La metrica che dice la verità è solo una, e va tenuta sotto controllo sempre: il MOL, ovvero il margine operativo lordo. Che coincide di solito con l'EBITDA: *Earnings Before Interest, Taxes, Depreciation and Amortization*.

Ovvero "Utili prima degli interessi, delle imposte, del deprezzamento e degli ammortamenti".

Immagina: come cambierebbe la tua vita se aumentassi i profitti netti, senza cambiare nulla di quello che fai?

Non è magia oscura: è un risultato che tutti noi possiamo raggiungere, se prendiamo in mano i numeri e ci muoviamo di conseguenza.

Anche perché... Se non conosci i margini netti di ogni singolo prodotto che vendi, rischi di fare tantissimo sforzo per poi accorgerti che stai vendendo in perdita!

E attenzione: vendere in perdita, a volte, può avere senso. Ma devi essere consapevole che stai vendendo in perdita, perché fa parte di una strategia studiata a tavolino.

Esempio pratico: crei una promozione per una serata a tema, facendo un'offerta a forte sconto su un piatto in particolare. Tu sai che non margini (o addirittura perdi soldi) su quel piatto. Ma hai già pianificato che quel piatto è un prodotto di *Front-End* (quello che molti chiamano "Prodotto Civetta"), che ha lo scopo di attirare il cliente.

Perché poi il vero margine lo fai con quello che gli vendi dopo.

Apriamo una parentesi, a questo proposito. Le aziende vere, quelle che funzionano e crescono in modo sostenibile, hanno tre prodotti: un prodotto per attrarre i clienti, uno da vendere e uno con cui marginare.

Alcuni esempi?

I fast food ti attraggono con gli hamburger, ti vendono le patatine e marginano grazie alle bibite.

Oppure il cinema: ti attrae con il film, ti vende i pop-corn e margina grazie alle bibite.

Questa è una testimonianza pratica del fatto che il marketing si basa sulla contabilità e sul bilancio. E non sulla fantasia e sulla creatività, come tanti delinquenti inconsapevoli ti raccontano.

E non lo fanno con cattiveria, attenzione: lo fanno perché sono ignoranti! Lo fanno in buona fede, perché non hanno la conoscenza per rendersi conto che quello che raccontano è una follia.

Detto questo: abbiamo compreso che avere chiari tutti i numeri non è un'abitudine fine a se stessa. L'obiettivo è avere dei dati precisi, su cui basarsi per prendere decisioni corrette e andare a dormire sereni.

E non stiamo parlando semplicemente di fare "Revisione contabile". Perché la revisione lavora su quello che è già successo, nel passato.

Il controllo di gestione e la pianificazione finanziaria, lavorano invece su quello che succederà domani.

E in questo, c'è un invito in particolare che vogliamo farti: non commettere l'errore di pensare che il controllo di gestione sia una cosa per le grandi aziende, perché è esattamente il contrario!

Se sei una microimpresa, ne hai bisogno a maggior ragione: non devi aspettare di essere una grande azienda per iniziare a lavorare sul controllo di gestione. È lavorando sul controllo di gestione, che cresci come azienda e puoi diventare grande.

E infine, c'è tutto l'aspetto fiscale: un tema sempre molto caldo in Italia. Partendo dal presupposto che viviamo e lavoriamo in un Paese in cui la pressione fiscale è assurda, dobbiamo essere consapevoli che non possiamo fare nulla per cambiare questa cosa.

Non possiamo continuare a lamentarci che le "tasse" sono altissime, perché in ogni caso vanno pagate. E, soprattutto, lo sapevamo anche prima di aprire, che le "tasse" sarebbero state una bella mazzata.

Detto questo, un buon controllo di gestione ti dà le strategie corrette per ridurre la pressione fiscale in modo intelligente, sostenibile e soprattutto legale.

No, non stiamo parlando della vecchia strategia di "dimenticarsi" di fare gli scontrini e fare i soldi in nero.

Se vogliamo fare un esempio concreto, una delle strategie per ridurre la pressione fiscale è sfruttare le proprietà intellettuali dei marchi registrati.

Lo abbiamo fatto noi stessi con le nostre attività. E ovviamente anche con Ristomarketing, che è un marchio registrato.

Ora, non entriamo nei dettagli tecnici perché potrebbe risultare complicato e fraintendibile, ma questa è una strategia che ci consente di avere un grande beneficio fiscale.

Dunque, andando in conclusione: in questo ultimo capitolo abbiamo affrontato la questione spinosa che riguarda il controllo totale su quello che succede all'interno della tua azienda, a livello finanziario e fiscale.

Il suggerimento che ti diamo è assolutamente quello di iniziare a muoverti in quest'ottica, per tutelare la tua azienda e non farti cogliere impreparato.

Con il Covid abbiamo imparato, a nostre spese, che è importante essere sempre pronti ad ogni scenario. E che non possiamo dare nulla per scontato, mai.

Da un punto di vista imprenditoriale, il futuro può anche appartenere a chi ha il coraggio di credere nella bellezza dei propri sogni.

Quello di cui siamo certi, è che non può sicuramente appartenere a chi non ha il controllo sui numeri e sui flussi di cassa della propria attività.

I tre pilastri del capitolo 6:

1. Il marketing non c'entra nulla con la creatività: è strettamente legato alla contabilità, al bilancio e ai numeri della tua impresa

2. Il fatturato dice bugie sullo stato di salute della tua azienda. La metrica che dice la verità è solo una, e va tenuta sotto controllo sempre: il MOL

3. Non devi aspettare di essere una grande azienda per iniziare a lavorare sul controllo di gestione. È il contrario: è lavorando sul controllo di gestione, che cresci come azienda e puoi diventare grande

Conclusione:
Che cosa puoi fare adesso con queste informazioni

Aiutare l'intero mondo della ristorazione italiana a brillare di luce propria e costruire il grande futuro che si merita. Attraverso un nuovo modo di vivere l'attività e applicando nuove strategie, coerenti con il mondo digitale in cui viviamo oggi.

Questa è la missione con cui abbiamo scritto questo libro. Ed è anche la spinta che ci fa scendere in campo ogni giorno, per affiancare tutti i ristoratori che ci hanno già dato fiducia e lavorano a stretto contatto con noi.

Arrivati qui, ci teniamo a dirti una cosa: questo libro, per te, potrebbe non essere solamente un libro. Potrebbe essere l'inizio di una nuova era per la tua vita e per la tua attività.

Ora sei davanti a un bivio. E non possiamo scegliere noi per te quale delle due strade prendere. Adesso puoi:

- Chiudere questo libro, far finta di niente e tornare alla tua quotidianità. Magari andando avanti a rimpiangere i bei tempi passati
- Metterti in gioco sulla base delle informazioni che hai assorbito in queste pagine e iniziare a cavalcare l'onda dei social, del marketing e del digitale, anziché subirla

Qualunque sia la tua scelta, non sarà facile.

Nel primo caso non sarà facile continuare a fare le stesse cose, senza ottenere miglioramenti e senza ottenere risultati diversi.

Nel secondo caso non sarà facile rimboccarsi le maniche, mettersi in discussione, mettersi in gioco e cambiare modo di vedere le cose.

Ma c'è una grandissima differenza: se è vero che in entrambi i casi non sarà facile, è altrettanto vero che solo la seconda strada ti può portare miglioramenti e può mantenere in piedi la tua attività, nel medio-lungo periodo.

Per questo motivo, a prescindere dal percorso che potrai fare con noi, il suggerimento che ti diamo (con il cuore in mano) è di abbandonare i vecchi paradigmi e la vecchia mentalità, per abbracciare il cambiamento ed entrare in questo nuovo mondo.

Se così sarà, noi saremo felici. E avremo raggiunto l'obiettivo che avevamo con questo libro: renderti consapevole e darti un piano d'azione.

Se ti è piaciuto il nostro approccio e se sei consapevole che ciò che ti abbiamo raccontato in questo libro è merce rara, là fuori, allora non possiamo fare altro che rinnovare il nostro invito di entrare in contatto con noi.

Vedrai: l'ora di consulenza bonus che vivrai insieme a noi ti renderà tutto ancora più chiaro. E ti aiuterà a chiudere il cerchio su tutto quello che hai imparato in questo libro.

E, alla fine, potremo valutare di intraprendere un percorso insieme. Un percorso per trasformare in alleati i social network, il digitale, le piattaforme di recensione e tutto il nuovo mondo in cui oggi viviamo.

Il link è sempre quello che hai visto alla fine del terzo e del quarto capitolo: in 20 secondi sarai in contatto con noi:

http://bit.ly/bonusristomarketing

In questo percorso, se desideri avere delle guide, dei punti di riferimento con tanta esperienza nel mondo del marketing e della ristorazione, noi siamo pronti. Noi ci siamo.

Tu sei pronto?

Printed in France by Amazon
Brétigny-sur-Orge, FR